교사의 회복탄력성,
배움을 디자인하다

교사의 회복탄력성, 배움을 디자인하다

(행복한 교육을 만드는 교사 마음 처방전)

[행복한 교과서®] 시리즈 No. 60

지은이 | 장대희
발행인 | 홍종남

2022년 11월 6일 1판 1쇄 인쇄
2022년 11월 13일 1판 1쇄 발행

이 책을 만든 사람들
기획 | 홍종남
북 디자인 | 김효정
교정 교열 | 김윤지
출판 마케팅 | 김경아
제목 | 구산책이름연구소

이 책을 함께 만든 사람들
종이 | 제이피씨 정동수·정충엽
제작 및 인쇄 | 천일문화사 유재상

펴낸곳 | 행복한미래
출판등록 | 2011년 4월 5일. 제 399-2011-000013호
주소 | 경기도 남양주시 도농로 34, 301동 301호(다산동, 플루리움)
전화 | 02-337-8958 팩스 | 031-556-8951
홈페이지 | www.bookeditor.co.kr
도서 문의(출판사 e-mail) | ahasaram@hanmail.net
내용 문의(지은이 e-mail) | wkdeogml@hanmail.net
※ 이 책을 읽다가 궁금한 점이 있을 때는 지은이 e-mail을 이용해 주세요.

ⓒ 장대희, 2022
ISBN 979-11-86463-63-5
〈행복한미래〉 도서 번호 094

교사의 회복탄력성, 배움을 디자인하다

| 장대희 지음 |

행복한미래

나는 고백한다, 나는 나쁜 교사였다

내가 보기에도 나는 참 투박한 스타일의 사람이다. 체질 자체가 아이들을 좋아하는 편이 아니다. 우리 아이들이 태어났을 때도 아이를 잘 안지 못해 장모님께 핀잔을 들었을 정도니 말 다한 셈이다. 그러한 내가 교사가 되었다. 군 장교 전역 후 곧바로 초등학교 교사 인생 제1막을 시작했다. 춘천에 있는 한 소규모 학교 3학년 담임을 맡았다.

지금도 기억이 생생하다. 밤톨 같고, 새알같이 동글동글하게 생긴 귀엽디 귀여운 그 아이들을 향해 "내 말 알아들었나?"라고 군대식으로 물었고, 대답할 때는 "짧게 '네' 하고 대답한다. 알았나?"라고 하기 일쑤였다. 그렇게 꽉 막히고 투박했던 내가 20여 년이 넘는 교직 생활에서, 드디어 진심으로 아이들과 소통하게 되었다.

그러기까지 두 번의 깨어짐. 그리고 회복이라는 기간과 과정을 겪었다.

　　계기는 교직 경력 10여 년 차에 접어들 즈음, 교직에 회의를 품고 쉬고 싶다는 일념 하나로 도망치듯 홍천의 한 작은 분교로 전출을 가면서부터다. 영화에서 자주 접한 풋풋하다 못해 상큼한 낭만을 꿈꾸고 갔던 그곳은 웬걸, 알고 보니 폐교라는 위기에 직면해 있었다. 잘 가르치고 아이들과 잘 지내기만 하면 될 줄 알았던 교직에서 학교 살리기 운동을 전개해야 할 판이었다.

　　접을까도 생각했지만 자신의 모교가 폐교될 수 있다는 소식에 눈물 짓는 아이들의 눈망울을 보는 순간, 나도 모르는 사이에 운명처럼 '작은 학교 희망 만들기'에 뛰어들고 있었다.

　　그러나 많은 노력에도 폐교라는 현실은 인정할 수밖에 없었고 폐교 수순 속에서 모든 것이 마무리되던 때 어디선가 소리가 들렸다. "아빠 이게 뭐야?" 내 자식들이 아닌 나와 함께 3년을 지냈던 우리 분교 학생 중 1명이 나를 향해 부르던 말이었다. 아이는 "선생님이 너무 자상하게 대해 주셔서 아빠처럼 편안해서 나도 모르게 나왔어요."라며 말끝을 흐렸다. 교직 23년 차로 접어든 지금까지 내가 받은 선물 중 가장 크고, 귀하고, 아름다운 선물로 기억한다. 그 아이들과는 3년간을 끝으로 학교가 문을 닫으면서 결국 헤어지게 되었다. 그것이 내 교직 생활에서 첫 번째 깨어짐이 아니었나 싶다.

　　그 후, 나는 홍천 지역의 또 다른 작은 학교인 노일분교로 옮겨 갔다. 이전 학교에서 받았던 아빠 같은 선생님인 교직 생활 시즌 1을 줄기차게 이어 나갔다. 그렇게 분교 생활 6여 년을 미친 듯이 살았다. 그에 따른 산출물, 결과물이 대단했던 것도 사실이다.

그러나 돌아보면 '참 교육'이기보다는 교육 프로그램 개발자, 프로그래머로서 삶이 아니었나 싶다. 다시 말해 진정한 교사로서 삶이기보다는 교육 운동가로서 삶이 아니었을까.

그래서였나? 뭔가 공허했다. 이것은 아닌 듯싶었다. 톡톡 튀고 기발한 프로그램, 콘텐츠 중심의 교육이 아닌 그야말로 마음 따뜻한 교육. 사람과 사람이 어우러지는 참살이 같은 교육을 꿈꾸기 시작했다. 그러면서 교육이란 무엇인가를 다시금 고민에 고민을 거듭하며 진통을 겪게 되었다.

이것이 나에게는 두 번째 깨어짐의 시작점이었던 것 같다.

그러한 고민과 진통 가운데 갑작스럽게 떠오른 생각 하나가 있었다. '선생님요~오, 가지 마요~~오' 촌스러우면서도 구수하고 맛깔난 영동 사투리에 애절함까지 묻어나는 이 대사. 촌지와 차별을 일삼던 최악의 선생님이 폐교 위기에 있던 학교 학생들과 동거 동락하는 가운데 끝내는 학생들에게서 듣게 되는 최고의 찬사.

맞다. 2003년 개봉된 〈선생 김봉두〉라는 영화 속 한 장면이다. 나는 언제쯤 어떻게 하면 저런 고백을 아이들에게서 들을 수 있을까 하며 내 딴은 그 영화에 대한 위대한 재현을 꿈꾸면서, 2016년 정말 그 영화 촬영지이기도 했던 유명한 탄광촌 정선 함백에 발을 내딛었다.

그런데 영화는 영화일 뿐이다. 영화에서 보여지는 그러한 낭만과 감동 이면에는 언제 폭발할지 모를 정도로 일촉즉발 폭탄을 안고 나를 기다리는 6학년 아이들이 있었다. 고성에, 욕설에, 게다가 무슨 말만 하면 울고 불고, 그야말로 총체적 난국인 아이들과 짜릿하고도 기막힌 조우(encounter)가 2016년 3월 시작되었다.

그렇게 시작된 3여 년의 정선 함백 생활은 나에게 교사로서 참된 회복의 시간과 진정한 교직 생활 시즌 2를 선사했음을 확신한다.

이 책은 부끄럽지만, 이런 23여 년의 내 교직 생활이 솔직 담백하게 담겨 있다. 나는 어떤 교사로 살았는가 성찰적인 측면의 1부를 시작으로, 그동안 겪은 교육적 진통과 함께 교육적 희망을 발견하기 시작한 2부. 교육 현실 속에서 진통과 희망을 재발견하는 것에서 끝나지 않고 더 나아가 열정을 발휘하며 진정한 교사의 회복탄력성이 시작되는 시점인 3부. 그러한 교사의 회복탄력성에 힘입어 실제적인 배움을 디자인하며 줄기차게 참된 교육, 참된 배움을 실천한 '실천서'이자 새롭게 시작되는 교직 생활 시즌 2라고 할 수 있는 4부. 끝으로 끊임없이 자기 변화, 나와의 싸움, 계속되는 교육적 도전과 응전을 담은 '교사의 회복탄력성 톡! Talk?'로 구성되어 있다.

그토록 투박했던 내가 어떻게 진심으로 아이들과 소통하고 사랑하는 사이가 되었는지, 그렇게 꿈꾸던 교육의 참 의미인 "아이들의 변화된 삶"을 어떻게 맛보게 되었는지 그 동화 같은 이야기를 지금부터 서투르고 투박하지만 있는 그대로 그려 볼까 한다.

: 차례 :

성찰

1부. 나는 어떤 교사로 살았는가?

진통

2부. 교육은 현실이다

성숙

3부. 교사의 회복탄력성이 시작되다

변화

4부. 배움을 디자인하다

성찰

1부. 나는 어떤 교사로 살았는가?

01

교사 23년, 나만의 포트폴리오를 만들다

교직 경력 23년 차 교사의 허무맹랑한 자랑질

현재의 나는 교직 경력 23년 차 중견 교사다. 그 와중에 부장 경력 7년 이상에 연구 대회 입상 다수. 게다가 다들 쉽지 않다는 벽지 점수도 이미 꽉 채워 승진도 은근히 기대하고 있는 속물근성의 남자 교사다.

그래도 내친김에 다소 굵직하다 싶은 내용을 좀 더 드러내 보겠다. 스승의 날 기념 교육장·교육감 표창은 당연히 기본이고 진로직업지도사, 안전교육지도사, 독서논술지도사, 학교폭력상담사 2급, 전문상담교사 1급, 음악줄넘기지도사 1급, 레크리에이션 1급 등 자격증만 무려 7개를 보유하고 있다. 게다가 2009 개정교육과정 도덕과 편찬 심의위원, 2015 개정교육과정 도덕과 검토위원으로 교육부에 차출되어 불려

EBS 〈선생님, 선생님 우리 선생님〉   EBS 스승의 날 특집 〈좋은 선생님 열전〉

다녔다. 들어 보았는지 모르겠지만, 한국청소년활동진흥원과 연계하여 2015 자기도전포상제 포상담당관 자격증까지 취득한 무지하게 욕심 많은 교사이기도 하다.

여기서 끝이 아니다. 2012년 강원도 교육청과 함께 강원도 한 지방지에서 300만 원 상금을 걸고 주최한 제11회 행복한 학교 함께하는 교육상 교사 부문 대상을 받은 사람이기도 하다.

그것뿐이겠는가? 2015년에는 대한민국 교육 분야 2대 메이저상이라고 할 수 있는 대한민국 스승상과 쌍두마차인 올해의 스승상. 그중에서도 교육부에서 주최하는 1000만 원 상금이 걸린 그 "2015 올해의 스승상"이라는 상을 당해 년도 최연소로 수상한 사람이다.

탄력을 받은 김에 잘난 척을 좀 더 하자면 정규 방송에 21번, 신문지상에 14번 오르내린 사람이기도 하다. 그러나 문제는 누구도 그 사실을 알지 못한다는 것이다.

사람들에게 인정받던 못 받던 어쨌든 개인적으로는 이른 나이에 교육계 최고상까지 받을 정도로 최선을 다한 그야말로 치열하게 살아온 삶이었노라 자부할 수 있다. 그것도 단 6여 년 만에 말이다.

작은 학교 교육적 희망과 대안 - 기고문

2012 강원도 행복교육대상

아빠 같은 선생님 시즌 2

2015 올해의 스승상

02

교사 10여 년 만에 생긴 내 별명을 공개하다

내게 붙은 별명은?

사물, 사건, 사람 등의 특징을 잡아 희극적으로 풍자한 글이나 그림 또는 그러한 표현법을 캐리커처라고 한다. 가장 특징적인 부분을 너무나 예리하고 정확하게 잡아내는 영역인 것 같다. 다시 말해 한눈에 누구인지, 무엇인지를 그대로 잡아낼 정도의 특징적인 그림이라는 것이다. 그렇다면 어떤 사람에 대해 알아보는 가장 빠른 방법은 무엇일까? 다름 아닌 그 사람에게 붙은 별명을 보면 바로 알 수 있지 않을까? "그 선생님? 천상 교사지!" 잘 가르친다. 진정한 교육자라는 의미다. "그 선생님? 선비지!" 인품이 뛰어나다는 의미다.

그렇다면 교육, 교육 활동, 생활 지도, 학급 경영이라는 이름으로 미친 듯이 쾌속 질주를 한 내 10여 년의 삶, 그 이전인 13년 전은 어떠했을까? 아니 23여 년 전 내 모습은 어떠했을까?

그에 대한 대답은 주변에서 나를 면밀히 지켜보았던 동료 교사들과 선배 교사들의 전언에서 충분히 확인할 수 있을 것이다.

사실 별명이 전부를 말해 주는 것은 아니지만 얼추 그 사람의 현재 상태, 본질 비슷한 것을 비추어 주고 있는 반사경은 아닐까?

많은 설명보다도 어쩌면 나에게 붙었던 그 별명들이 내 과거를 참으로 쉽고 간결하게 설명해 줄 수 있을 듯하다. 부끄럽지만 공개해 본다.

	메뚜기	학교가 나의 사적인 시간을 좀먹으며 조금이라도 피곤하게 하고 불편하게 하면 가차 없이 1년 만에라도 다른 학교로 전보 신청을 하는 성향이었다. 그래서 툭하면 튀고, 툭하면 튄다고 해서 붙은 별명이다.
	땡돌이	오로지 나의 시간과 생활을 중요하게 여기고, 교직과 교육보다는 다른 쪽에 치중하여 5시 땡 하면 퇴근해서 선배들이 붙인 별명이다.
	도피자 (교직 무능력자)	메뚜기와 맞물려 교직에 워낙 마음을 두지 않고, 어렵고 힘든 영역은 무조건 피하고 도망치는 스타일이었다. 부딪히는 것 자체를 극도로 부담스러워 하는 수준이었다.

| 은둔자
(교직 부적응자) | 나만의 영역을 고수하다 보니 그 영역을 침범 당하는 것을 싫어하고 관여하는 것도 싫어했다. 잘 어울릴 줄도 모르는 관계성, 사회성이 결여된 부적응자였다. |

  교직을 성직 수준은 아니더라도 최선을 다해야 할 정규 직장이 아닌 아르바이트 수준으로 여겼던 내 모습이 어느 날 군대 생활에서 만났던 한 선배 장교의 모습과 겹쳐 보였다. 일반 보병 장교보다는 시간적 여유가 많았던 정훈 장교였던 그 선배는 군 생활 중에 '돈'을 벌겠다는 일념에 다단계에 빠져 있었다. 그러다 보니 정훈 교육을 하러 소대, 중대를 방문하는 것이 아니라 당신이 판매해야 할 제품을 들고 호객 행위를 하는 데 더 시간을 쏟았다. 어느새 나라를 지키는 군 장교가 아닌 다단계 상인으로 전락되어 버린 것이다. 내가 그 짝이라는 생각이 들었다. 아이들의 삶과 직결되어 있는 교사, 그 교사가 가지고 있는 생각과 관점이 얼마나 중요한지 고찰해 볼 필요가 있을 것 같았다. 그렇다면 교직 생활 가운데 지금 나에게 붙은 별명은 무엇일까? 생각해 볼 문제다.

: 03 :

화려함 뒤에 숨은 과거를 돌아보다

딴 생각: 낯부끄러운 과거

내가 이런 별명과 함께 이렇듯 교직 부적응자, 무능력자로 전락한 이유가 무엇일까? 딱 한 가지다. "딴 생각." 그렇다. 나는 교사가 되었음에도 교직이 아닌 딴 생각 속에 사로잡혀 있었다. 수업에 집중하지 못하는 아이들을 향해 교사가 자주 하는 말이 있다. "집에 놔두고 온 꿀단지를 생각하고 있니?" 맞다. 나는 꿀단지를 이곳 교직에서, 교육에서 찾지 않고 딴 곳에서 찾고 있었다. 교직이 아닌 다른 곳에 숨겨 둔 꿀단지에 생각이 팔려 있었다. 그러니 교직에 내 마음을 담을 리 만무했다.

내가 생각하는 그 꿀단지를 찾기 위해 그것을 가로막고 있는 교직에서 도망치고자 계속 몸부림을 쳤던 기간이 있었다. 그것도 무려 10여 년 가까이 말이다.

지금 돌이켜 보면 그 10여 년은 얼굴이 화끈거릴 정도로 부끄러움이 밀려오는 시간이다. 무엇보다 그때 담임을 맡았던 아이들을 생각하면 미안한 마음에 쥐구멍이라도 찾고 싶을 정도다. 교직을 아르바이트 수준으로 생각할 정도였다면 말 다한 셈이다. 교사론이라는 관점에서 본다면 처참 그 자체였던 것이다.

이런 나의 과거를 굳이 표현하자면 마치 거북이 등껍질 같지 않았나 싶다. 아니 어쩌면 극심한 가뭄 끝에 메말라 결국은 쩍쩍 갈라진 논바닥과도 같이 굳어 있던 상태, 그것이 내 마음의 상태였고 생각의 깊이였고 처절한 내 모습이었다. 물론 처음에는 몰랐다. 왜? 온통 내 생각만 소중했고, 내 생각에만 빠져 있었기 때문이다. 그러한 나를 비출 만한 동기나 계기, 그야말로 성찰의 거울이 내 앞에는 존재하지 않았기 때문이다. 게다가 그러한 나를 깨워 줄 만한 모델도 찾지 못하던 시기이기도 했다. 그런데 그러한 나를 적나라하게 비추는 거울이 등장하고 말았다. 그렇게 말라 비틀어져 버릴 정도로 쩍쩍 갈라진 논바닥을 촉촉이 적실 농업용수와도 같은 계기를 만나게 되었다. 교직에서 잘 나가는 유능한 선배도, 뛰어나고 훌륭한 교장 선생님도 아닌 참으로 예기치 못한 지점에서 그 계기와 맞닥뜨렸다.

진통

2부. 교육은 현실이다

: 01 :

아이 눈물에서 내 실체를 들키다

우여곡절 끝에 분교로 가다

사람이 살다 보면 인생의 변곡점을 가능하게 할 '계기(契機, chance, opportunity, 어떤 일이 일어나거나 변화하도록 만드는 결정적인 원인이나 기회)'라는 것을 접한다고 한다. 그러나 참으로 신기한 것은 이런 결정적(critical) 계기를 접함에 있어서도 받아들이는 양상은 각자 천차만별이라는 것이다. 그 계기가 누군가에게는 그냥 무시하고 지나쳐 버리는 일상에 불과할 수도 있고, 어떤 이에게는 인생 대역전의 기회로 자리매김될 수도 있다는 사실이다. 즉, 그것을 아무 의미 없는 평범한 일상으로 지나쳐 버릴지, 기회로 삼을지에 대한 결정 역시도 철저히 나 자신에게 달려 있음을 보게 되었다. 그런데 나에게는 인생의 터닝 포인트와 같은 기회가 된 것이다. 다름 아닌 교직 부적응자, 무능력자로 살던 나의 뇌리를 강타하는 사건 하나가 전개되어 버린 것이다.

2009년 여름, 그해는 개인적으로 무척이나 의미심장했다. 딴 생각에 빠져 허우적거리며, '교직을 떠나? 말어?'라는 고민이 깊어 가던 시기였다. 쉽게 결단을 내리지 못하고 계속되는 고민에 빠져 있던 그때, 나를 보고 안타까워하던 너무나 귀한 한 분과 상담을 하게 되었다. 비록 교직에 부적응하고 있는 후배이지만, 나를 있는 그대로 존중하고 긍정적으로 바라보시던 같은 학교 교무 부장 선생님이었다.

선배는 내 생각을 존중하지만 쉽게 결정할 문제는 아닌 것 같으니 좀 더 시간을 가져 보면 어떻겠냐는 조언을 했다. 자신의 일도 아닌 데다 철딱서니 없는 후배의 객기 어린 생각을 잠잠히 들어 준 것만 해도 감사한데, 그 생각의 여지에 쉼표를 찍어 주는 결정적인 상담이었다.

게다가 상담으로만 끝내지 않으시고 실제적인 대안까지 마련해 준 내 인생에서 잊지 못할 선배였다. 그 선배가 내놓은 제안은 다름 아닌 시간적 여유를 찾을 수 있는 분교로의 전보 내신이었다.

결국 좀 더 시간을 갖고 신중하게 천천히 고민하라는 배려였다. 그런 선배의 권면 덕에 결국은 도피성으로 분교로 전보 신청을 했지만, 갈 수 있는 상황이나 여건(내신 점수)은 되지 않았다. 하지만 선배의 도움으로 결국 어느 한 분교로 가게 되었고, 그렇게 시작된 2010년 분교에서의 한량 생활이 시작되었다.

분교 생활의 정점을 맛보다, 유유자적 나는야 장태공

마음 단단히 먹고 간 분교였고, 아주 쉬기로 작정하고 간 그야말로 외유성으로 허락된 분교였다. 어차피 도피처로 여기며 놀자고 갔기에 아낌없이 누리며 살기 시작한 분교 생활은 그야말로 천국이 따로 없었다. 본교와도 거리가 꽤 떨어져 있어 교장 선생님과 교감 선생님도 한 달에 한 번 뵐까 말까 했다. 본교에서 협의회가 있다고 하면 내려갈까. 그마저도 멀리 떨어져 있는 분교를 배려하는 차원에서 본교 협의회에 잘 오라고 하지 않던 시절이었다. 갈 일이 있을 때는 부장 선생님만 내려가면 되기에 이곳은 그야말로 나의, 나에 의한, 나만을 위한 모든 것이 갖추어져 있는 판타스틱한 분교였던 것이다.

게다가 내가 가르쳐야 할 아이들은 5학년 1명인 단급이었다. 10여 년 동안 30여 명 가까운 아이들에게 치이고 볶이다 달랑 1명만 가르치자니 이것은 뭐 땅 짚고 헤엄치기 수준이었다.

그리고 누구 눈치를 볼 필요도 없어 아이들하고만 잘 놀면 되었다. 그렇게 하루하루 유유자적한 강태공이 아닌 장태공의 삶을 누리며 원기를 회복하기 시작했다. 교직 생활? 내가 보고 알고 있던 것이 다가 아니었구나, 이렇게도 교직 생활을 할 수 있구나. 교직 생활의 새로운 단면을 보게 된 기회였다고나 할까?

이 행복을 모르는 대다수 도심 속 교사들 모습을 떠올리며 "약 오르지 메롱?"이라고 유치한 혼잣말을 내뱉기도 했다. 나를 이곳에 보내 준 교무 부장 선생님에게 감사한 마음으로 혼자 행복한 미소를 지으며 하루하루 보내고 있었다.

그러나 그러한 행복도 잠시였다. 내 팔자에 무슨 행복에 겨운 파라 다이스가 계속 지속될까? 아니나 다를까 행복은 여름 방학을 끝으로 사라졌다.

폐교 위기?

다름 아닌 학급 편제 변경 지침이 떨어진 것이다. 그 당시 내가 전출해 갔던 성동분교는 학급 편제가 6학년 3명 단급, 5학년 1명 단급, 3학년 2명과 1학년 1명이 복식으로 운영되고 있었다. 그런데 한 학년에 4명은 되어야 단급이 가능한데 3명이어서 불가능하다는 지침이 떨어졌다. 다시 말해 3명과 1명으로 단급을 유지했던 6학년과 5학년은 단급이 될 수 없기에 1학년, 3학년과 마찬가지로 복식으로 운영해야 한다고 했다.

그러면 앞서 발령을 받은 부장 선생님은 전출을 가야 하고, 2010년도에 같이 발령을 받은 나와 후배 선생님이 복식 학급으로 편제를 새로 해야 했다. 그것은 또 다른 측면에서 본다면, 같이 전입한 나와 후배 선생님 중 1명은 분교 부장을 맡아야 한다는 말이었다. 그러나 나와 같이 전입한 그 후배 선생님 역시도 승진에는 관심이 없었다. 그 당시 월 7만 원의 부장 수당에 분교의 모든 업무를 감당해야 하는 노역을 할 이유가 없기에 그 후배 선생님은 아주 겸손하고 지혜롭게 나에게 양보하셨다. "어~ 어? 이게 아닌데?"라고 생각할 겨를도 없이 선배라는 이유로

2010년 2학기부터 졸지에 분교 부장을 맡게 되었다. 내 행복 중 하나였던 무보직 교사 생활에 마침표가 과격하게 찍히는 순간이었다.

분교 부장? 뭐 지금껏 안 해 본 것도 아닌데. 그것 역시도 지금까지 하던 대로 설렁설렁하면 되는 일이었다. 그러나 정작 실제적인 문제는 그다음에 일어났다. 분교 부장이 되면서 한 학기 동안 전혀 관심이 없었던 분교 실정을 접한 것이다. 설상가상으로 6학년 3명, 5학년 1명, 3학년 2명, 1학년 1명으로 총 7명뿐인데, 그다음 해인 2011년에 6학년 3명이 졸업하면 전교생은 4명뿐이었다. 5명 이하는 폐교한다는 강원도 교육 정책과 맞물리면서 폐교에 따른 설문 조사가 진행되었다. 여름 방학 중에 폐교 이야기가 슬슬 흘러나왔다.

가라며 가야죠

쉬려고 온 분교. 그야말로 도피처로 삼아 피난을 왔던 분교인데, 이 무슨 환란이란 말인가? 하루하루 마음의 불편함이 이루 말할 수 없었다. 승진은 둘째치고, 교직도 그만둘 마음의 준비를 하고 있던 나에게 분교 부장이라니! 승진을 위해 농어촌이나 벽지로 간 후배들이 부장 점수까지 따고자 고군분투하는 현실을 생각하면 배부른 투정이라고 욕할수도 있지만, "개나 줘라."라고 소리치고 싶은 것을 참느라 힘들었다.

'또 가게 생겼네. 메뚜기라는 별명은 언제쯤 소멸될까? 그 찝찝한 별명이 더 강세를 보이게 생겼네?'라는 생각만 들 뿐이었다. 그와 더불어 '가야지, 그럼. 가야지. 을 위치에 있는 일개 교사가 무슨 힘이 있어. 바람 따라, 물 따라 가라는 대로 또 가야지.'라며 이미 마음의 채비를 하고 있었다.

폐교나 통폐합으로 전보를 가게 되면 원하는 학교로 갈 수 있는 특혜가 있기에 아무도 모르게 입가에 희미한 미소를 띠며 서서히 준비를 하던 참으로 야멸찼던 나를 기억한다.

못볼 것을 보고 못 들을 것을 듣고 말았다

그런데 이것이 무슨 하늘의 장난이란 말인가? 폐교? 통폐합? 겉으로는 안타까워하면서도 내가 원하는 학교로 갈 생각에 입가에는 웃음을 짓고 있던 이중성이 역력했던 그때, 보면 안 되는 것을 보고 말았다. 그것이 내 교직 인생을 갈라놓는 그야말로 원탁의 기사, 엑스칼리버와 같은 어마어마한 검이 되어 심장을 파고 들어올 것이라고는 전혀 예상하지 못했다.

한 아이의 눈물 때문이었다. 폐교 설문이 돌면서 폐교 위기임을 알게 된 한 아이가 내 앞에서 눈물이 그렁그렁한 채 한마디를 내뱉었다. "선생님. 그럼 내 학교 이제 없어지는 거예요? 문 닫아요? 이제 저희, 우리 학교 다니지 못하는 거예요?"

지금 이 아이가 내 앞에서 무슨 짓을 하고 있지? 떠날 생각에 회심의 미소를 짓고 있는 이 부랑자 같은 내 앞에서 내 학교? 우리 학교? 눈물까지? 지금 뭐하는 것이야?

아니 이것은 영화에나 나와야 하는 것 아닌가? 폐교된다는 소식에, 떠날 생각에 너무 도취된 나머지 전혀 예측하지 못한 상황에 그만 너무 당황하고 말았다.

이 무슨 운명의 장난인가? 내가 아무리 한량 같은 놈이라도 한 감수성은 하는 남자다. 그런데 왜 하필 내 앞에서 눈을 바라보고 눈물을 흘리며 이야기할까? 아 정말, 충격의 연속이었다.

내가 무슨 수로?

내 눈앞에서 실제로 일어난 상황 때문에 내 안은 요동치고 있었다. 여전히 변명하고 싶었다. 그래서 나보고 뭐 어쩌라고? 내가 뭘 어떻게 할 수 있는데? 나는 교직에 뜻도 없고 관심도 없는 그저 아르바이트생이야. 그리고 조만간 그만둔다고. 이런 나한테 왜 고민을 안겨 주느냐고? 대체 왜 이러냐고? 도리어 내가 분이 날 지경이었다.

게다가 여기보다 좀 더 좋은 곳으로 갈 수 있는데 왜 앞길을 막는지, 왜 방해를 하는지 답답함이 차올랐다. 화딱지가 났다. 보고 들은 것을 애써 지우고자 계속 도리질을 했다. 그리고 계속 되뇌었다. "내가 무슨 수로?", "내가 무슨 능력이 있어서?", "뭐 어쩌라고?"

한탄이 절로 터져 나왔다.

교육, 경제 논리에 잠식되다

경제 논리, 그 압박 수위는 점점 높아지고

타 시도와 마찬가지로 우리 도교육청 역시 작은 학교 희망 만들기가 있을 정도로 학교 통폐합을 반대하는 상황이었다. 아니 작은 학교를 살리고자 고군분투했다.

그러나 현실은 냉혹했다. 아무리 그러한 취지가 있다 하더라도 상위 기관인 교육부를 넘어설 수는 없는 노릇이었다. 즉, 현실적으로 분교 인원 5명 이하일 때, 1차적으로 지역 주민 및 학부형을 대상으로 설문 조사를 실시하여 통폐합 쪽으로 향하는 교육 정책을 시행할 수밖에 없는 하위 기관의 어려움이 있었다.

그 가운데 나의 고민 역시 더욱 깊어졌다. 사실 통계학적·수학적·

경제직 관점을 떠나 이치상으로 보너라도 학생 1명에 교사 1명이라니. 그럼 한 학급에 30여 명 가까이 되는 학생들은 도리어 불평등을 겪는 것이지 않는가? 일명 역차별이다.

그것뿐인가? 최소 4명의 아이들을 위해 그때만 하더라도 연간 교육 운영비가 6000만 원 가까이 소요되었다. 나아가 학교 운영을 위해 부가적으로는 교사 1명당 연봉에, 주무관 1명, 조리 종사원 1명까지 합산한다면 분교 운영을 위해 1년에 최소 1억 원 이상이 소요된다는 계산이 나온다. 경제 논리로 따져 본다면 상당히 불합리한 측면이 없지 않았다.

작은 학교에 숨은 희망과 대안

그런데 이 교육이라는 것조차 이렇듯 냉혹한 경제 논리로만 바라보아야 하는 것일까? 그때 한 고민을 개인적으로 기고한 글이 있는데 시간이 좀 지났지만 지면으로 옮겨 와 본다.

이촌향도 및 노령화라는 자연 발생적 요인, 사회성 및 적응력 부족에 대한 우려, 게다가 소인수로 야기되는 다인수 중심의 교과 활동에 대한 지장 초래로 인한 폐교 찬성, 틀린 말은 아니다.

그러나 혹여 성장과 개발이라는 논리에 의해, 큰 학교는 '교육 잘하는 학교', 시골에 있는 작은 학교는 '교육을 잘 못하는 학교'라는 근거 없는 추측성 이분법적 사고가 개입된 것은 아닐까? 아니면 자본주의 시장 경제 논리에 의한 경제적 효율성이라는 잣대, 관점으로만 바라본 결과는 아닐까?

그러나 진정 알고 있을까? 그러한 오해를 받고 있는 작은 학교에 너무나 크고 놀라운 교육적 희망과 대안이 숨어 있음을.

그 첫 번째 우려로 제기될 수 있는 사회성 결여, 생활 적응력 문제는 다양한 두레학습 시스템뿐만 아니라, 차별화된 현장 체험학습을 통해 사회성 및 생활 적응력 문제를 말끔히 해소할 수 있다.

다음으로는 무엇보다 가장 우려되는 교육 콘텐츠 측면이다. 21세기 글로벌 지식 기반 사회가 요구하는 창의, 인성, 잠재력을 갖춘 인재 육성을 강조하는 이 시대적 분위기 속에서 그것에 발맞추어 많은 학교가 특화된 교육 콘텐츠로 어필을 하는 이 시점에 작은 학교들 역시, 그것에 뒤지지 않고 앞다투어 특화된 교육 콘텐츠를 형성하고자 노력하고 있다. 1인 1특기식의 예체능 교육, 지역 환경에 걸맞은 자연 생태, 주제 통합, 무학년제 교육과정 등 도리어 큰 학교에 결코 뒤지지 않는 다양한 양질의 교육 콘텐츠임에 분명하다.

세 번째는 학습의 질 측면이다. 선진국 수준의 교사 1인당 학생 적정 수인 15~20명을 뛰어넘어 많게는 10명, 작게는 1명인 작은 학교, 1:1 맞춤식 수업 및 완전학습을 기대할 수 있는 곳, 그곳이 바로 작은 학교의 가장 큰 강점이 아닌가 싶다.

네 번째로 오늘날 사회 각층에서 일어나고 있는 교육 기부 측면을 보자. 다른 그 어떤 곳보다 작은 학교에 대한 교육 기부는 지금

현재뿐만 아니라 앞으로도 계속 활성화될 것은 자명한 사실이다.

마지막 다섯 번째는 학교 수준을 떠나 이제 사회적 문제, 더불어 근절해야 할 4대악으로까지 부각되어져 버린 학교 폭력 문제다. 그러나 분교를 보자. 그야말로 선생님과 하교 시까지 눈맞춤(eye contact)을 할 수밖에 없는 작은 학교만의 교육적 특성상, 학교 폭력이 어디 감히 발붙일 수 있겠는가? 어떤 한 선생님의 고백처럼 '딴 나라 이야기'가 될 정도로 학교 폭력 문제 해결에 있어서 가히 독보적이라 할 수 있을 것이다. 그것만이 아니다. 학교 폭력과는 거리가 먼 가족애, 친밀감, 순수성 등으로 똘똘 뭉쳐 있는 이 작은 학교가 산촌유학 학교 시스템과의 결합을 통해 학교 폭력의 가해자와 피해자를 보듬고 품을 수 있는 '힐링스쿨'로서의 모습도 충분히 기대해 볼 수 있음을 확신한다.

누군가는 말한다. 작은 학교는 단순히 학생 수만 가지고 없앨 수 있는 소모품도 아니며 계산기를 두드려 계산될 수 있는 대상이 절대 아니라고. 작은 학교는 그 지역의 문화적 소산이며 그 마을이 지금까지 존재하는 이유이자 다시 돌아갈 수 있는 내 마음의 고향과도 같은 존재라고. 맞다. 모두들 도시로 향할 때 묵묵히 농산어촌을 지키며 지역의 숨결을 지켜 온 사람들과 그들의 희망인 아이들이 자라는 곳. 그곳이 작은 학교다.

2013.10.03 「강원도민일보」 오피니언 기고글
"작은 학교 교육적 희망과 대안"

마을 한복판에는 태극기와 교기가 바람에 휘날려야지

앞서 기고한 글에도 드러냈듯이 "작은 학교는 그 지역의 문화적 소산이며 그 마을이 지금까지 존재하는 이유이자 다시 돌아갈 수 있는 내 마음의 고향과도 같은 존재"다. 사실 이 말은 그 당시 교장 선생님께서 하신 말씀을 풀어쓴 것에 불과하다.

하루는 교직원 회식 후, 교장 선생님께서 나를 따로 부르셨다. 술이 거나하게 취하신 상태였는데, 언제나 예리하고 섬세하셨던 교장 선생님께서 나를 개인적으로 부르신 후 이렇게 말씀하셨다.

"장 부장. 학교는 말이지 함부로 없애는 것이 아니야. 마을 중심에 태극기와 교기가 바람에 휘날려 주어야 해. 그래야 살아 있는 것 아니겠어. 학교를 없앤다? 학교만 없어지는 것이 아니야. 마을이 사라지고 없어질 수도 있어. 학교를 함부로 없애서는 안 되지, 그럼. 지금 장 부장이 슬슬 움직이고 있는 것 같은데. 그래, 한번 움직여 봐. 도와줄게."

그 말씀이 나의 뇌리를 강타했다. 평소에는 말씀을 아끼는 편인 교장 선생님께서 교직 10년 차에 들어선, 교장 선생님이 보기에는 여전히 햇병아리에 불과한 후배에게 나름 의미심장한 말씀을 건네신다는 것을 충분히 인지할 수 있었다.

게다가 아무리 한 학교의 관리자라고는 하지만, 이분 역시도 도교육청의 지침을 따를 수밖에 없는 종속된 관리자였다. 쉽게 결정할 부분이 아님에도 속내를 드러낸 것은 대단한 결단이라고 생각했다.

가슴이 뜨거웠다. "그래 학교를 살려 보자. 뭐, 어떻게 되든 학교를

교기 휘날리는 학교(홍천 노일분교)

한번 살려 보자. 현재 나에게는 그 어떤 생각도 아이템도 능력조차도 없지만, 어찌 되었던 아이들의 눈물만큼은 닦아 주자. 그래 한번 해 보자." 라는 뜨거움이 용솟음쳤다. 주체할 수 없을 정도의 감격이 밀려왔던 그 때의 밤을 지금도 생생하게 기억한다.

나는 격려하는 교사인가? 비난하는 교사인가?

격려? '용기나 의욕이 솟아나도록 북돋워 줌'이라고 정의하고 있다. 사람에게는 어려움에 처하거나 새로운 일에 도전하고자 할 때, 한 번의 판단과 결정과 도전이 미래를 어둡고 암울하거나 밝게 할 수 있는 절체

절명의 기로에 서 있는 상황일 때 참으로 많은 두려움과 불안이 엄습해 온다. 그와 더불어 밀려오는 것이 외로움이다. 이때 들려오는 격려의 한 마디는 세상 그 어떤 것보다 귀한 선물이다. 어쩌면 하늘에서 내려오는 굵고 튼튼한 동아줄과도 같은 것이 아닐까 싶다. 나는 격려하는 교사일까? 아니면 비난하는 교사일까?

: 03 :

작은 학교에서 희망을 찾다

난생 처음 교육을 고민하다, 나는 진짜 교사일까?

앞서 언급한 인생의 전환점을 불러일으킬 만한 이 '계기'라는 중요한 것을 평범한 일상으로 그냥 지나쳐 버릴지, 아니면 일생일대의 중요한 변곡점으로 볼지는 철저히 나 자신에게 달려 있었다. '계기'로 붙드는 자와 그냥 지나치는 사람의 인생은 어마어마한 차이가 날 수 있다.

그 계기 덕분에 교직에 들어온 지 10여 년이 되어 가는 시점에 난생처음 교육에 대한 고민을 하게 되었던 것 같다. 학생(교육)의, 학생(교육)에 의한, 학생(교육)을 위한 교사가 될 것인가? 아니면 내 생계 수단 유지와 사회적 지위 향상에만 몰두하며 몸과 마음이 편한 존재로 남을 것인가? 본격적으로 휘몰아치는 격동적 고민을 하기 시작했다.

진통의 과정, 불안감 엄습

하지만 다른 데 생각을 빼앗기다 보니 교직 10여 년 동안 단적인 예로 '수업 개선'을 위한 노력조차 하지 않았다. 어차피 조만간 그만둘 교직이었으니까. 더 나아가서는 '학급 경영 방침'이라니 어림도 없는 소리였다. 아이들조차 내 시간을 빼앗아서 너무 싫은데, 학급 경영을 위한 시간 투자와 고민, 연구가 있을 리 만무했다. 그런데 폐교 위기에 직면한 학교 단위를 향한 개혁, 혁신이라니 언감생심이다. 교사가 된 지 10여 년이 지나가고 있었지만, 0.00001%도 생각해 본 적이 없는 나였다. 왜? 딴 생각에 빠져 있었으니까. 언제든 떠날 준비만 하고 있었던 열외자였으니까. 그러한 내가 무슨 수로 살려? 난제에 봉착하며 고민에 고민을 거듭하는 진통의 시간을 갖게 되었다.

'믿음의 승부'를 보다

이렇듯 내게 닥친 상황 속에서 한탄만 하고 극구 부인하고 싶은 마음에 어린애마냥 도리질만 하고 있을 때였다. 그런데 또 무슨 두 번째 운명의 장난이란 말인가? 우연찮게 본 영화 한 편이 나의 '인생 영화'가 될 줄 그 누가 알았겠는가? 하루는 맥이 빠진 모습으로 터덜터덜 무거운 발걸음으로 교회에 갔다. 예배 중간에 무슨 영화 한 편을 보여 주었는데, 그 순간 나의 모든 생각과 마음이 그대로 무너지는 것이 아닌가?

〈믿음의 승부〉라는 실화를 바탕으로 만든 영화였다. 6년 동안이나 최하위의 저조한 성적에 머물러 있던 고등학교 풋볼 팀인 샤일로 이글스. 그 팀의 주무 코치였던 그랜트는 계속되는 팀의 패배로 선수들의 아버지들에게서 쫓겨날 처지에 놓인다. 엎친 데 덮친 격으로 그랜트 부부는 아이를 갖고 싶은 열망에도 4년 동안이나 갖지 못하는 안타까운 상황이다. 10여 년의 교직 생활 동안 그 어떤 열매도 맺지 못하고 무능하고 무기력하며 지금의 학교 상황 속에서 그 무엇도 할 수 없는 내 처지와 오버랩되었다. 나의 처지와 비슷하다는 동질감이 느껴지는 순간이었다.

더군다나 만년 최하위인 샤일로 이글스 팀의 선수들이 필드에서 경기를 한 이유가 더 좋은 대학, 더 많은 장학금, 인기, 부(富) 때문이었다는 사실은 나를 비추는 장면이기도 했다. 6년 동안이나 최하위 팀을 맡고 있었던 그랜트 코치가 느낀 두려움, 낙심이라는 벽은 남의 이야기가 결코 아니었다. 언제부터인가 나에게도 무서운 거인으로 버티고 있었던 실패에 대한 두려움과 맞물렸다.

그러던 중 그랜트 코치의 중심이 바뀌기 시작했다. 내가 할 수 있는 단 한 가지는 지금까지 한 번도 해 보지 않았던 최선밖에 없다는 것, 그랬을 때 그 어떤 결과에도 만족하고 기뻐할 수 있겠다는 확신을 갖게 된 것이다.

특히나 가장 마음에 와닿는 장면을 꼽으라면 그랜트 코치에 의해 행해지는 주전 선수 블락의 데스크롤(죽음의 포복) 장면이다. 패배 의식과 무기력으로 일관하던 샤일로 팀의 주전 블락을 그랜트 코치가 불러 세운다. 그러고는 블락의 등에 제이미를 태우고 데스크롤을 하게 한다. 단 한마디만 한다. "최선을 다하는 것을 보고 싶구나." 이때 블락은 말한다. "제가 30야드쯤 가길 원하시나요?" 그랜트 코치는 말한다. "아니, 내 생각에는 넌 50야드를 갈 수 있어." 블락은 놀란다. 아니 비웃는다. "50이라? 제이미를 등에 태우지 않으면 가능하겠네요." 주변 선수들조차 조소 어린 눈빛을 보내며 의아해 한다. 어떻게 그것을 할 수 있겠냐며 패배 의식이 저변에 깔려 있는 태도였다. 지금까지 내 생각, 내 의식이 이렇지 않았나 싶다. 그때 코치는 다시 말한다. "넌 분명 50야드를 갈 수 있다. 단 네가 최선을 다할 거라고 약속해야 한다. 네가 더 갈 수 있는데 어느 정도 가서 포기하길 원하지 않는다."며 눈을 가리게 한다. 그러고는 죽음의 포복인 데스크롤이 시작된다.

그랜트 코치가 함께 따라가며 계속 말해 준다. "그래 그렇게 가. 잘하고 있어. 잘 가고 있어. 블락, 좋아." 순간 뇌리를 스쳤다. 저것이 바로 교사의 역할이구나. "그래 잘 가고 있다. 블락." 이때 눈이 가려진 블락이 물어본다. "20야드쯤 왔나요?" 그랜트 코치는 말한다. "20야드는 잊어버려. 최선을 다해라. 계속 가는 거다. 넌 가기만 하면 된다." 그리고 힘들어 지친 블락을 향해 다그친다. "멈추지 마. 넌 더 할 수 있어." 이것은 마치 하나님이 내게 하시는 음성으로 들렸다. "대희야. 넌 할 수 있어. 멈추지 마. 넌 최선만 다하면 돼." 이때 코치는 다시 말한다. "아무것도 할 수 없기 전까지는 멈추지 마라. 그만두지 마라." 코치는 그리고 계속 응원의 말을 한다. "좋아. 블락 계속 가. 계속. 무릎을 땅에서 떼. 최선을 다해. 최선을." 외치고 또 외친다. "포기하지 말고 계속

가! 할 수 없기 전까지는 절대 포기하지 마. 할 수 있는 것을 다해 봐." 이때 블락이 한계에 다다른다. "팔이 부러질 것 같아요. 제이미가 너무 무거워요. 더 이상 힘을 낼 수가 없어요. 팔이 타는 것 같아요. 팔이 끊고 있어요." 절규와 같은 외침이었다. 아마 앞으로 닥칠 내 상황이겠다는 생각도 하게 하는 장면이었다. 그러나 코치는 포기하지 않는다. "알아. 그냥 타게 둬." 그리고 계속 이어서 말한다. "온 힘을 다해 계속 가." 이 때 인상적이었던 것은 그랜트 코치가 말만이 아닌 블락과 함께 같이 옆 드려서 무릎으로 기어가고 있었다는 것이다. 같은 눈높이, 같은 자세로 당신도 온 힘을 다해 응원하고 격려하는 모습. 그것이 교사라는 생각이 계속 떠올랐다.

그리고 말한다. 약속을 되짚어 준다. "최선을 다한다고 했잖아. 최선을 다해. 조금만 더, 조금만 더." 코치의 마음이 더 애잔하고 처절했으리라. 그리고 계속 목표를 정해 준다. "이제 30번만, 20번만, 10번만, 마지막 다섯 번만 더 가자. 포기하지 마. 최선을 다해. 네 마음을 다해. 할 수 있어." 그리고 끝내 블락은 지쳐 쓰러지며 말한다. "더 이상은 할 수 없어요. 50야드에 왔나요?" 이때 코치가 말한다. "블락, 봐라. 넌 지금 end-zone까지 왔어." 블락은 통곡한다. 힘듦의 눈물일 수도, 감격의 눈물일 수도 있다. 아니 어쩌면 나는 할 수 없다는 패배 의식과 절망에 대한 어둠이 걷히며 자신도 할 수 있구나 하는 놀라움과 반성의 눈물일 수도 있을 것이다. 나의 게으름과 나태함이 주마등처럼 지나가는데, 그 영상을 보는 내내 눈물이 흘러내렸다. 나도 같이 울었다. 이래야 하는데, 이렇게 할 수 있는데 나는 왜 지금까지 그렇게 어리석고 허망하게 살았나 하는 후회와 반성, 부끄러움의 눈물이 뒤범벅되어 흘러내리고 있었다. 덧붙여 그랜트 코치는 말한다. "넌 가장 영향력 있는 선수야. 네가 지면 팀도 지는 거야."

우리 분교에 대한 내 생각이 떠올랐다. "난 할 수 없어. 하필 왜 나야? 내가 뭔데? 너무 힘들어. 난 그냥 쉬운 길을 택할 거야."라고 생각했던 내 모습이 또 오버랩되었다. 블락은 두 팔로 140파운드의 제이미를 운동장을 가로질러 옮겨 놓았다. 이때 코치가 말한다. "블락 난 네가 필요해." 이것 역시 나를 향한 음성으로 들렸다. "학교 폐교를 막기 위해 대희 네가 필요해." 영상 말미에 제이미가 한 말이 더 극적인 반전을 준다. "코치님. 저 160파운드예요."

그렇다. 우리는 생각하는 것 이상으로 할 수 있는데 스스로를 너무 평가 절하하는 경향이 있는 것은 아닐까? 내 안에 울림이 들렸다. "네, 제가 부족하더라도 실패하더라도 해 보지도 않고 포기하는 어리석음은 범하지 않겠습니다. 그리고 못할 때까지 포기하지 않고 계속 전진해 보겠습니다. 네, 마음을 다해 보겠습니다." 내 인생 최고의 영화였다.

진통은 성장의 기회

성동분교 이전에 산간벽지에서 딱 1년간 근무한 적이 있다. 할 일이 없어 저녁 8시면 자야 하는 참으로 황량한 임지(任地)였다. 그때 개인적으로 도전 아닌 도전을 한 적이 있었다. 다름 아닌 다이어트였다. 키에

비해 체중이 너무 오비되어 삶이 힘들 시경이었다. 그때 나름 큰 결단을 내려 다이어트를 시도했다. 결론은 성공했다. 내 인생 최고의 무지막지한 도전이었는데 놀랍게도 성공이었다. 할 일이 정말 없었기 때문이다. 무려 11kg이라는 지방을 다 산화시켰다. 그때 깨달은 것이 하나 있었다. 체질 개선은 단순히 건강 회복에 그치는 것이 아니라, 역동적인 삶의 변화까지 가능하게 한다는 사실이었다.

성동분교에 와서 그때가 생각났다. 체질 개선은 삶에도 필요함을 절실히 깨달았다. 교육이라는 측면에서도 낡고 후패한 것은 날려 버리고, 새롭게 변화된 그야말로 감량할 것은 감량하고 찌울 것은 찌워야 하는 체질 개선이 필요함을 말이다. 그것이 곧 성장의 기회이기 때문이다.

허물 벗기: 체질 개선

그래도 양심은 살아 있었다. 그 진통 가운데 고민은 계속했다. 어떻게 하면 학교를 살릴 수 있을 것인가? 생각해 본 적도 없을 뿐더러, 아는 것도 전혀 없는 수준에서 할 수 있는 것이라고는 주변의 조언부터 듣는 것이었다.

특별히 내 개인적으로 인생의 멘토이자 롤모델이었던 현직 중학교 교사인 친형(현재 중학교 교감)에게 자문을 구하고 또 구했다. 그 가운데 어렴풋이 보이기 시작했다. 폐교 위기를 극복하는 데 가장 결정적인 단초는 인원수 확장이 아니겠는가? 그것을 위해서는 소문이 나야 했다. '아이들이 오고 싶고, 머물고 싶은 행복한 학교'라는 소문 말이다.

그렇게 하려면 어떻게 해야 할까? 특화된 프로그램 개발이 급선무였다. 남들과는 다른 차별화된 교육. 그렇다. 일명 특성화 교육 말이다. 그런데 이 부분에서 정말 중요한 것은 소문으로만 끝나서는 안 된다는 것이다. 다시 말해 소문난 잔칫집에 먹을 것이 없다는 말이 돌면 모두 끝나 버리는 것이다. 그렇기에 이 모든 움직임이 일회성, 단회적인 이벤트가 아닌 진정성 있고 실제적인 교육으로 발돋움해 나가야 한다는 결론에 이르게 되었다.

마음이 뜨거워졌다. 가만히 앉아 있을 수만은 없었다. 자료와 책들을 섭렵하기 시작했다. 계속 고민하고 주변의 조언을 바탕으로 미국, 영국 등 명문 사립 학교에서 기본적으로 시행하는 그 학교만의 1인 1특기 교육, 특기 적성 교육을 도입하기로 했다. 아직 대중화되지도 않았고 산간벽지에서는 꿈도 꾸지 못할 실제적인 '골프 교육'에 대한 아이템이었다. 물론 실제로 운영할 나조차 골프에 골 자도 모를 뿐더러 접한 적도 없는 미지의 영역이라는 함정이 있기는 했다. 그러나 다행히 이미 골프의 매력을 발견하고 티칭 프로 자격까지 딸 정도로 수준급인 친형의 자문을 받을 수 있었다.

하늘은 스스로 돕는 자를 돕는다?

이렇듯 뭔가 시작점을 찾기는 했는데, 도대체 어디서부터 어떻게 시작해야 할지 구체적 대안은 막막하기만 했다. 특히나 그러한 1인 1특기 교육(골프 교육 등)을 위한 예산 마련은 오리무중이었다. 그러던 중 놀라운 일이 일어났다.

그날도 여전히 학교를 살려야 한다는 고민을 하면서 저녁을 먹는데 전화 한 통이 걸려 왔다. 02로 시작해서 스팸 전화라는 생각에 받지 않을까 하다 뒷 번호가 1588은 아니기에 받았다. 방송국이란다. 순간 보이스피싱인가 하고 화들짝 놀랐다. 잠시 말투나 좀 들어 보고 바로 끊을 참이었다. 그런데 전형적인 서울 말투에 참으로 실제적인 내용을 전해 주는 것이 아닌가? 한 방송 작가가 이번에 출연자들이 일일 분교 교사가 되어 이야기를 풀어 나가는 내용의 예능 프로그램을 기획하는데, 여러 분교를 선택하는 중이라고 했다. 혹 성동분교를 방문해서 인터뷰를 좀 해도 되냐며 물었다. 분교 부장이지만 독단적으로 판단할 수 있는 영역은 아닌지라 교장 선생님께 허락을 받고 다시 연락하겠다고 하고는 끊었다. 교장 선생님께 바로 상의를 했더니 아이들이 한번 경험해 보면 좋지 않겠냐며 도리어 긍정적인 측면으로 받아들이셨다. 그래서 방문 가능하다고 연락했더니 그다음 날 바로 찾아왔다. 거기서부터 난리가 나고 말았다.

방송 작가 3명이 휴대용 캠코더까지 들고 와서는 학교 전경과 함께 우리 분교 아이들을 모아 놓고 인터뷰를 하는데 분위기가 상당히 고조되었다. 작가들이 재미있다고 웃고 난리가 났다. 우리 아이들이 캠코더를 들이대는 상황에서도 눈 하나 깜짝하지 않고 일명 애드립을 치며 작가들의 질문에 응수를 잘했나 보다. 거기에 한술 더 떠 내 인터뷰까지 진행했는데, 나도 나름 입담이 좋은 편이라 친절하면서도 유쾌하게 응대했다. 어쨌든 모든 인터뷰가 끝나고 추후 연락하겠다며 돌아갔다. 그리고 우리도 재미난 경험한 셈 치고는 일상으로 돌아갔다.

살다 살다 TV 예능 프로그램에 출연하게 될 줄이야

그렇게 경험 한 번으로 끝날 줄 알았던 인터뷰였다. 그런데 작가들은 분교 아이들 캐릭터가 너무 마음에 든다며, 선생님도 나름 재미있다면서 함께 출연하면 어떻겠냐고 연락을 했다. 그때의 당황스러움과 황당함은 잊을 수가 없다. 정신이 하나도 없어 부리나케 교장 선생님께 보고 했더니 의아해 하시며 도대체 무슨 일이냐고 반문하셨다. 그래도 그모든 것을 긍정적으로 보시며 나름 준비를 잘해 보라고 격려하셨다. 그때부터 촬영 당일까지 정신없이 숨이 가쁘게 놀아갔다. 교장 선생님 허락이 떨어지자 촬영할 프로그램이 무엇인지, 촬영 일자와 그에 따른 준비들을 어떻게 해야 하는지 프로그램 PD에게서 전해 들었다. 그런데 그때는 몰랐다. 그것이 앞으로 전개될 작은 학교 희망 만들기의 단초 역할을 하게 된다는 것을 말이다.

'〈뜨거운 형제들〉 분교 일일 교사가 되다' 레디 액션

    그 프로그램은 개그맨 박명수, 박휘순, 탁재훈, 토니안, 쌈디, 이기광 등 내로라하는 연예인들이 출연하는 유명한 예능 프로그램이었다. 거기에 우리 아이들과 내가 출연하게 된 것이다. 그때의 일화를 하나 밝히자면 프로그램에 출연한 우리 아이들의 콘셉트도 참 재미났지만, 예기치 않게 내 역할이 많은 비중을 차지했다. 출연자들의 교사 자질 테스트 차원에서 한 받아쓰기와 학급에서 발생한 우발 상황에 대처하는 나의 애드리브가 마음에 들어서 출연 분량이 원래보다 늘어난 것이다. 그리고 개인적으로는 내 안의 잠재력을 발견하는 일도 있었던 것 같다. 정

〈뜨거운 형제들〉 출연진과 찍은 사진

면을 응시하는 카메라 여섯 대와 밝은 조명 네 대, 뚫어져라 쳐다보던 스태프 수십 명조차 나를 주눅 들게 하지 못한다는 사실을 깨달은 순간이었다. 나는 알고 보니 카메라 울렁증은 고사하고 그 모든 것을 즐기는 스타일이었음을 깨달았다.

최선의 결과는 귀한 열매로(성과로)

사실 예능 프로그램 출연은 무엇을 바라고 한 것이 아니었다. 어차피 출연 당시 방송국이나 담당 PD, 작가들조차 출연비 언급은 일절 없었다. TV 프로그램 출연이 난생 처음이었던 내가 그것까지 생각하고 출연했을 리 만무하다. 그 와중에 내가 생각한 단 하나는 현재 분교에 남아 있는 아이들에게 학교가 줄 수 있는 기쁨, 귀한 교육적 경험을 하나라도 제공하자는 것이었다. 어쩌면 내 교직 생활 중 처음으로 진정 어린 교육적 마인드만 가지고 임했던 시간이 아니었나 싶다. 그렇게 예능 프로그램을 잘 마무리했다.

프로그램 촬영이 예상보다 조금 늦어지기는 했지만, 잘 마무리되는 시점에 담당 작가가 따로 나를 불렀다. 출연료를 주겠다는 것이다. 출연한 아이들에게 상품권 정도 주나 보다 했다. 그런데 이것이 웬일인가? 상상을 초월하는 선물을 받았다. 장소 사용료와 함께 프로그램 출연료를 이미 준비하고 있었는데, 방송국에서 통상 주는 비용이 정해져 있다고 했다.

2017 6학년 아이들 인성 교육 자료

그런데 아이들뿐만 아니라 선생님도 촬영에 잘 협조해 주었다며, 기분이 좋아진 담당 PD가 방송국 윗선에 건의해서 기존보다 두 배 이상 지급하기로 했다는 것이다. 어떻게 이런 일이? 어디 예상이나 할 수 있었던 일인가? 단지 최선을 다하자는 생각으로 성실하게 임했을 뿐인데 두 배에 달하는 비용을 발전 기금으로 주고 가는 것이 아닌가? 그때 또 하나 깨달았다. 최선과 성실은 결코 삶을 속이는 법이 없음을……. 그 모든 것이 우리 분교를 살릴 수 있었던 1인 1특기 특성화 교육의 시발점이 된 골프 교육의 기틀을 마련해 주리라 누가 예상이나 했겠는가?

그러한 측면에서 최선의 삶, 더불어 행해지는 성실함은 절대 삶을 속이지 않는다는 것을 체험하고 경험해 보는 것은 인생에서든, 교직에서든 중요한 대목이 아닌가 싶다.

50 | 교사의 회복탄력성, 배움을 디자인하다

04

화려한 특성화 교육 프로그램으로 날개를 달다

강원도 홍천의 분교 중 최초로 골프 교육을 실시하다

그렇게 예능 프로그램에 출연해서 받은 출연료가 학교 발전 기금으로 입금되었다. 교장 선생님께서 큰 결단을 내리셨다. "이 발전 기금은 성동분교가 오롯이 노력해서 받은 예산인 만큼 성동분교만을 위해 쓰는 것이 합당하지. 이 참에 본교 예산도 지원해 줄 테니 장 부장이 추구하려고 했던 특성화 프로그램을 한번 진행해 보게." 드디어 예능 프로그램 출연료와 함께 본교 예산까지 합쳐 특성화 교육의 장이 열리게 되었다.

그렇다. 경제 논리로 압박해 오는 학교 통폐합이라는 현실 속에서 속된 말로 살아남으려면 결국 튀어야 한다. 특성화 교육을 실시하여 오

골프장 개장

고 싶은 학교, 가고 싶은 학교, 머물고 싶은 행복한 학교를 만들어야 하
는 것이다. 쉽게 말해 학생 수를 늘리면 되는 것이다. 그때 통폐합을 막
고자 동분서주하던 나를 안타까워한 친형이 남들이 하지 않는 골프 교
육을 제안했다. 그리고 그 제안을 교장 선생님이 아낌없이 지원해 주셔
서 홍천에 있는 분교 중에서 최초로 실내 골프장 개장 및 골프 교육을
실시하게 되었다. 그것이 바로 2011년 5월이다.

미지의 세계로 점점 더 다가가다

미지의 세계? 그 누군가에게는 호기심과 도전의 세계일 수 있지만, 다른 누군가에게는 직면하기 불편한 두려움의 대상일 수 있다. 내가 그랬다. 골프는 돈 많고 할 일 없는 사람들이나 하는 구슬치기쯤으로 여겼다. 지금 생각해 보면 무지하기 짝이 없었다.

그러한 내가 학교를 살려야 할 절체절명의 위기 상황에서 그동안 갖고 있던 무지함과 그 모든 편견을 내동댕이치고 그 미지의 세계, 불편하기 짝이 없는 그 세계로 제 발로 들어가 버린 것이다.

내 돈으로 골프 장비를 사고 그때만 해도 다소 비쌌던 레슨권을 과감하게 끊었다. 클럽 중 가장 기본인 7번 아이언 클럽을 들고, 골프공을 단순히 맞추는 일명 '똑딱볼'을 한 달 넘게 쳤다. 그러다 하프 스윙, 풀 스윙, 아이언 클럽을 넘어 드라이브 클럽 연습, 야외 연습장인 인도어 진출까지 장장 6개월을 하루도 빠짐없이 연습을 거듭했다.

골프를 좋아해서는 절대 아니었다. 학교에 골프장 개장까지는 어떻게 하기는 했는데, 가르칠 사람이 없다는 현실에 직면했기에 체면 불구하고 내 성향과 맞지도 않는 골프 강사로 나설 수밖에 없었던 것이다.

이때 깨달았다. 교직은 내가 좋아하는 것만이 아니라 아이들을 위해서, 학교를 위해서라면 개인적으로 두려운 영역까지도 도전해야 하는 것임을 말이다. 어느새 투자한 만큼 골프 실력도 향상되었다. 일명 백돌이로 거듭나 있었다.

홍보가 생명이다

이런 골프장 개장 및 골프 교육을 우리만 알면 무슨 의미가 있겠는가? 어차피 학교 살리겠다고 하는 활동들 아닌가? 설레발이라는 주변의 눈은 중요하지 않았다. 오로지 학교를 살려야겠다는 생각으로 가득 차 있던 나에게 결국 홍보가 관건이 되었다. 그 자그마한 분교의 실내 골프장 개장식에 교육장님을 비롯하여 마을 지역 주민들을 초청하고 지방 신문까지 보도하며 대대적인 행사로 기획하고 추진하기에 이르렀다. 오죽하면 그 행사에 참여한 교감 선생님께서 농담반 진담반으로 "이것은 뭐 본교 행사보다도 더 큰 행사잖아? 장 부장 이래도 되는거야?"라고 말씀하신 것을 기억한다. 맞다. 한 번 할 것 기왕이면 웅장하게 하자는 것이 내 취지였다.

골프 개장 소식이 실린 신문

진정한 교육 마케터(marketer)들을 만나다

홍보 이야기가 나와서 말인데, 삶에서 만남이 참 중요하다는 것을 깊이 생각하게 된 기회였던 것 같다. 교육계의 민낯이지만, 말로만 듣던 승진에 올인하는 후배들을 접한 적이 있다. 그 후배들을 탓하는 것이 아니다. 문제는 그 후배들의 만남 자체에 있었음을 알았다. 무슨 말인가? 그들이 만나는 그곳에는 교육이 없었다. 교육, 교육 철학, 아이들, 학급 경영, 변화, 혁신 등은 생각조차 하지 않았다. 아니 생각조차 할 수 없는 것 같았다. 그것보다는 도리어 어떤 루트를 통해 어떤 방향으로 가야 가장 빨리 승진할 수 있는지 그것을 찾는 데 혈안이 되어 있었다. 그들 안에는 학연, 지연이라는 라인만 존재하고 있었다. 그리고 그것을 발견하는 순간 어떻게든 그 기회를 놓치지 않고자 동분서주하는 모습에 참 많은 씁쓸함과 회의감을 느꼈다. 승진이 뭐라고? 그 욕심은 끝이 없었고, 추함도 곁들여져 있었다.

그들은 시작점 자체를 그렇게 시작했다. 시작이 그렇다 보니 그 길로만 갈 수밖에 없는 존재가 되어 버린 것이다. 그런데 정작 문제는 그 후배들이 아니었다. 그 후배들이 만난 선배들이 더 문제였다. 후배들에게 그러한 가르침만 전수하고 그러한 지식밖에는 전달할 것이 없었던 선배들이 더 문제가 아니었나 싶다. 사실 알고 보면 그 선배들 역시도 그 루트, 그 카테고리에서만 살아왔기에 그 이상의 것은 볼 수 없는 수준으로 전락한 것이 아닌가 싶다. 교직계의 또 다른 빈곤의 악순환이라는 생각이 들었다. 참 씁쓸하고 안타까운 단면이다.

어느 날 삶을 되돌아보니 나는 승진에서 멀어지고 있었다. 하지만 어떤 측면에서 보면 참 복이 많은 사람이었음을 깨닫게 된다. 후발 주자 중에 후발 주자라고 할 수 있는(승진 따위가 아닌 진정한 교육자로 발돋움하게 된 그 발걸음 자체를 말함) 내가 만났던 수많은 선배는 그야말로 최고였기 때문이다.

누군가에게는 쓸데없는 짓으로 보일 수도 있는 이런 '학교 살리기'로 발을 동동 구르는 어설픈 후배에게 팁도 알려 주고, 직접 모델로 보여 주기도 하며, 이미 실제로 사용했던 보고서나 글들도 제공해 주신 대인배 같은 아량을 가졌던 너무나 귀한 선배들이다. 왜 대인배라는 표현을 썼을까? 경쟁 상대로 보는 것이 아니라, 살뜰히 도와주고 싶은 후배로 보는 그 마음은 웬만해서는 갖기 힘들기 때문이다.

그 어려웠던 시기에 그분들은 내가 만난 가장 큰 선물이자 보배였다. 그 은혜를 결코 잊을 수 없고, 잊어서도 안 된다. 성인임에도 여전히 미성숙한 존재인 우리는 결정적 시기에 누구를 만나느냐에 따라 삶과 인생의 방향이 달라진다. 그 어렵던 시기에 내가 만났던 그분들은 자신의 위신과 영달을 위해 움직이지 않고 아이들만, 학교만 생각하며 고군분투했던 진정한 교육자였다. 그리고 무엇보다 참되고 진정 어린 교육적 홍보의 대가들이었다. 지면을 빌려 그분들께 감사를 전한다.

윗분들의 눈치만 보지 않고 같은 동료 교사들을 보듬으면서 윗분들까지 챙기는 지금까지 본 교사 중에서 진정한 여장부인 대룡분교 부장 김순애 선생님(춘천 금병초 교장). 특히나 이 분은 중견 교사로서 나의 롤모델이 되어 주셨다. 다른 한 분은 대룡분교 부장 교사로 재직하며 끝내

다양한 방과후 활동

골프레슨

라인댄스

음악줄넘기

바이올린

는 대한민국 스승상으로 모델을 보여 주신 이선녀 누님(춘천 소양초 교감)이다. 그분들은 아이들을 위해, 학교를 위해 진정 어린 마음으로 교육적 홍보를 기막히게 잘한 교육적 마케터들이다. 그러한 분들 곁에서 눈으로 보고 배운 것만으로도 커다란 축복이다.

언론 플레이의 대가?

누군가는 말한다. 언론 플레이의 대가라고. 그리고 너무 인위적이고 조작적으로 움직이는 것이 아니냐고. 솔직히 말하면 애초부터 그랬던 것은 아니다. 작은 학교 희망 만들기의 시발점이었던 실내 골프장 개장과 관련해서는 교장 선생님께서 학교 교육 활동을 소개하는 것이 도리라고 하셔서 신문에 게재한 것이다.

그런데 그 속에서 놀라운 비밀을 하나 발견했다. 어느 날 EBS 방송 작가에게서 연락이 왔다. 〈뜨거운 형제들〉과 함께 지방지에 나온 기사를 보고 연락했다는 것이다. 지방지? 신문? 아, 알게 모르게 방송국에서도 주도면밀하게 보는 것이 있구나. 아니나 다를까 나중에 방송 작가에게 직접 들은 이야기이지만, 방송 하나를 찍고자 전국의 지방지는 모두 샅샅이 면밀하게 살피고 또 살핀단다. 즉, 방송 거리를 신문 기사에서 발췌하는 것이다. 그러다 발견한 것이 우리 분교였다.

이렇게 작은 학교도 찾아내다니, 그렇다면 이 루트를 확실히 활용해야겠구나 하고 생각했다. 그때부터는 의도적으로 신문 기사를 다루기 시작했다. 그러나 그보다 더 중요한 점은 무엇보다 아이들의 '자존감' 향상과 연결되어 있음을 보게 된 것이다.

언젠가 신문 기사에 난 아이들 모습을 캡처해서 보여 주었는데, 놀라는 기색을 보이며 기뻐하고 감격해 했다. 왜? 생전 처음이란다. 뭐가? 신문에 자기 얼굴, 자신들의 이야기가 실린 것이 말이다. 그럼 방송 출연은 오죽하겠는가. 자존감 대폭발인 것이다. 이것 만한 것이 없음을 실제로 체험하면서 체득하게 되었다. 아이들을 위한다는 취지로 더더욱 열을 올리는 계기가 되었던 것 같다.

드디어 폐교 위기에서 벗어나다, 최초 전학생이 오다

이런 최신 트렌드였던 골프 교육과 더불어 기존에 하던 음악적 요소인 바이올린, 라인 댄스, 그리고 필자가 소지하고 있던 음악줄넘기 지도사 능력을 발휘한 음악줄넘기 교육 등 다양한 교육 프로그램까지 연계하면서 시너지 효과가 일어났다. 더불어 계속적인 홍보 효과는 더더욱 확장되었다. 그 결과 드디어 폐교 위기에 봉착해 있던 우리 분교에 전학생이 오기 시작했다. 이미 폐교 위기를 예측하며 우리 분교 주소지였음에도 작은 학교의 문제점을 피해 본교로 내려갔던 ○○하고 △△이 다시 전학을 온 것이다. 졸업생 3명이 졸업하고 난 후 4명이 된 5명 이하의 인원으로 폐교 상황에 직면했던 우리 분교가 6명이 되면서 폐교 권고 대상에서 벗어난 것이다.

05

학생의 재발견: 다중 지능 이론을 만나다

아이들이 달리 보이기 시작하다

그때의 감격을 잊을 수 없다. 개개의 학생이 이토록 귀하고 소중한지 교직 생활 12년 차가 되던 그때에 처음으로 경험했다. 그리고 그 아이들 하나하나가 얼마나 감사하고 이쁘던지……. 그뿐이겠는가? 그 전학생들로 말미암아 폐교 위기에서 벗어나던 순간, 나에게 그렇게 뼈아픈 진통과 함께 깊은 깨달음을 주었던 아이들이 얼굴에 미소를 가득 머금고 바라보던 행복한 모습을 지금도 잊을 수 없다. 그제서야 진짜 교사가 된 듯 느낄 수 있었다. 그래서였을까? 이제야 교육이라는 것이 뭔지 조금은 감을 잡았다고 해야 할까? 그러면서 감히 생각하게 되었다. 교육다운 교육, 교사다운 모습을 갖추어야겠다는 의욕이 불타기 시작했던 것 같다. 만지면 터질까, 엎어지면 다칠까 그야말로 갓난아기 대하듯 참으로 사랑스럽게 아이들을 바라보았다. 그러한 아이들을 위해 어떤 교육을 해야 할까 생각해 보기 시작했다. 참 천지개벽할 사건인 것이다. 교직 부적응자, 무능력자로 전락했던 내가 이제 교육을 생각하고 있는 것이 아닌가? 어디 가당하기나 했던 일인가? 그런데 그것이 실상이었고 사실이었고 현실이었다.

아이들 하나하나에 맞는 맞춤형 교육의 필요성 인식

사실 분교 및 소인수 학급은 학생 수가 적어 복식 학급을 운영한다. 그러다 보니 학년에 맞는 교육과정 운영에 어려움이 있을 뿐 아니라 다양한 학습 활동이 제한되어 학습 효과를 극대화하기 어렵다. 엎친 데 덮친 격으로 지금껏 교육에 별 의미를 두지 않고 살았던 내가 그러한 교육적 현실이 눈에 들어오기나 했겠는가? 별 관심도 없었던 것이 사실이다. 그런데 그 무지막지함에서 빠져나오기 시작하자, 눈이 열리고 마음이 열렸다. 그러면서 내가 아닌 내가 맡고, 가르치고, 담당해야 할 우리 아이들이 눈에 들어오기 시작했다.

그렇게 아이들 하나하나에 초집중하며 유심히 관찰하던 중 신기한 모습을 보게 되었다. 재미있는 현상 하나를 발견한 것이다. 수학 문제를 잘 풀지 못해 주눅 들어 있던 아이가 뭔가를 발표하고 표현하는 활동에서는 뛰어난 모습을 보였다. 또 국어과 독해 능력이 부족했던 아이가 음악과 체육에서는 그 어느 때보다 적극적이고 활동적인 모습과 뛰어난 기능까지 보였다.

뭐지 싶었다. 전에는 전혀 생각하지 못했던 측면이다. 그도 그럴 것이 내 삶, 내 모습, 내 생각에만 빠져 살다 보니 주변을 돌아볼 틈조차 없었기 때문이다. 그러니 내가 담당하고 있는 아이들에게 관심이나 있었겠는가? 이럴 수가, 어쩜 이럴 수가 있나. 내가 교사가 맞을까? 다시금 자괴감이 밀려오며 낙심이 되기는 했지만, 지금이라도 깨달은 것에 감사하며 고민하기 시작했다.

지금까지 우리는 전통적인 관점에서 언어적 지능이나 논리 – 수학적 지능 위주로 지능을 판단하고 지도해 왔다. 즉, 암기해서 정답 하나 잘 맞추면 공부를 잘한다, 머리가 좋다고 말이다. 우리 세대가 그렇게 배워 왔기에 내가 가르치는 아이들에게도 아무 생각 없이 그 잣대를 그대로 적용해 왔던 것이다. 맞다. 아무 생각 없이.

그런데 수학 문제 하나 풀지 못했다고 공부를 못한다고 할 수 있을까? 진정한 공부와 교육이 무엇인데? 우리 교육 현실은 어떠했는가? 수학 문제를 풀지 못하는 아이는 다른 활동에 능력이 있어도 남의 눈치를 살피며 주눅 들었다. 그러나 2009 개정교육과정에서는 교육부의 교육 시책이나 장학 방침, 그리고 교육 목표 속에 창의적 자기 표현력의 증진을 눈에 띌 정도로 중요한 도달 목표로 삼기 시작했다. 물론 실천 과정에서 제대로 구현하지 못했던 측면도 있었던 것 같다. 즉, 창의적 인재 양성보다는 모든 아이에게 똑같이 획일화된 교육과정을 적용해 오지 않았나 싶다. 그러다 보니 개별 아이가 지니는 개성은 무시되어 왔다. 게다가 교사의 일방적 교수법에 따른 교과서 위주의 획일적이고 단편적인 설명식 교수 방법을 택해 왔기에 문제에 대한 개념 형성은 물론, 창의적 자기 표현력을 기르는 교육 활동은 기대에 미치지 못했던 것이 사실이다. 그렇다면 이것을 해결할 방법은 무엇일까? 다시 고민이 시작되었다.

다중 지능 이론이란?

그러던 중 하워드 가드너(Howard Gardner) 박사의 다중 지능 이론을 접하게 되었다. 기존의 지능 검사 결과 학생은 IQ라는 점수를 받는다. 이 점수는 교과 과목을 해낼 수 있는 능력은 예측할 수 있었을지 모르나 미래의 인생을 예언하지는 못한다. 이와 같은 현상은 종래의 지능 개념이 주로 학교 상황에서 요구되는 논리력, 언어력 등 인지 능력만 강조하고 학교 밖 현실 세계에서 가치 있게 여기는 다른 능력들을 무시한 결과에 기인한 것이다. 이에 대한 반성으로 1970년대 이후부터 새로운 개념의 지능 이론이 등장하기 시작했다. 그중 가장 주목할 만한 것이 바로 하워드 가드너 박사의 다중 지능 이론(Multiple Intelligence Theory, MIT)이었다.

가드너는 종래의 IQ 개념에 대항하여 다중 지능 이론을 만들었다. 여기서는 지능을 "문제 해결 능력 또는 가치 있게 여기는 어떤 결과를 만들어 내는 능력"으로 정의한다. 다중 지능 이론은 이름 그대로 일반 지능과 같은 단일한 능력이 아니라 다수의 능력이 인간 지능을 구성하

다중 지능 이론의 종류 및 개념, 특성

고 있다고 가정하며, 그 능력들의 상대적 중요성은 동일하다는 기본 가정에서 출발했다. 다중 지능 이론의 핵심은 종래의 지능 개념이 논리력과 언어력 위주의 학업 적성만 강조해 온 것에 반감을 갖고, 인간 사회에서 가치 있게 여기는 다른 종류의 능력(음악, 신체-운동, 대인 관계, 개인 지각) 등도 동등하게 취급해야 한다는 데 있다. 따라서 다중 지능 이론은 학교 상황에서 요구되는 한두 가지 능력 위주로 인간 지능을 평가하는 현재의 지능 검사는 불공평한 검사고, 한두 가지 능력만 조장하는 현행 학교 교육도 개인의 다양한 적성을 고려하지 않은 불평등한 교육으로 간주한다.

지능	핵심 개념	민감한 자극	최고 수준의 발달 상태
언어 지능 (Linguistic Intelligence)	언어 지능은 단어를 효과적으로 사용하는 능력과 언어의 실용적 영역을 조작하는 능력을 말한다. 이 지능을 향상시키는 활동에는 공식 연설, 일기 쓰기, 유머 및 농담, 이야기 만들기 등이 있다. – 언어의 소리, 구조, 의미와 기능에 대한 민감성	문어, 구어	연설가, 정치가, 작가, 변호사, 편집자, 아나운서, 기자
논리 – 수학 지능 (Logical–Mathematical Intelligence)	논리–수학 지능은 숫자를 효과적으로 사용하는 능력 및 추론을 잘하는 능력을 말한다. 이 지능을 향상시키는 활동에는 수열, 삼단 논법, 계산법, 문제 해결 등이 있다. – 논리적·수리적 패턴에 대한 민감성과 구분 능력(연쇄적 추리를 다루는 능력)	패턴, 관계, 숫자, 상징	과학자, 수학자, 회계사, 통계 전문가, 컴퓨터 프로그래머
공간 지능 (Spatial Intelligence)	공간 지능은 그림이나 이미지와 관련된 지능으로, 시각적·공간적 세계를 정확하게 인지하고 이 지각력을 변형시키는 능력, 시각적·공간적 학생들을 시각화하거나 그림으로 나타내는 능력, 공간적 구조에 자신을 적절하게 위치시키는 능력을 말한다. 이 지능을 향상시키는 활동에는 항해, 지도 제작, 체스 게임, 상상하기, 색체 체험하기, 패션 디자인, 그림 그리기, 조각하기, 사진 활동, 관찰 활동, 창조 활동 등이 있다. – 시공간적 세계를 정확하게 지각하고, 최초의 지각에 근거하여 변형할 수 있는 능력	색깔, 모양, 거리	미술가, 건축가, 비행사, 엔지니어, 안내자, 정찰병, 사냥꾼, 건축가, 예술가, 실내장식가, 발명가

지능	핵심 개념	민감한 자극	최고 수준의 발달 상태
신체-운동 지능 (Bodily-Kinesthetic Intelligence)	신체-운동 지능은 신체적인 자아와 관련되는 지능으로 몸 전체를 사용하여 학생의 아이디어를 표현하는 능력 또는 손을 사용하여 사물을 만들어 내고 변형시키는 능력을 말한다. 이 지능을 향상시키는 활동에는 창작 무용, 역할극, 제스처, 드라마, 무술, 스포츠 등이 있다. - 자기 몸의 움직임을 통제하고, 사물을 솜씨 있게 다루는 능력	신체 신호	운동선수, 무용가, 조각가, 배우, 모델, 보석세공사, 외과의사
음악 지능 (Musical Intelligence)	음악 지능은 소리의 음조, 음색, 리듬 등 음악 요소에 민감하게 반응하고 사람 목소리 같은 언어적 소리뿐만 아니라 비언어적 소리에도 예민한 능력을 말한다. 이 지능을 향상시키는 활동에는 리듬 패턴 파악하기, 작곡이나 편곡하기, 배경 음악 선곡하기, 악기 연주하기, 노래하기 등이 있다. - 리듬, 음조, 음색을 만들고 감상하는 능력(음악적 표현 형식에 대한 감상 능력)	리듬, 음조, 음색	음악비평가, 작곡가, 연주가, 가수
대인 관계 지능 (Interpersonal Intelligence)	대인 관계 지능은 다른 사람의 기분, 의도, 동기, 느낌을 분별하고 지각하는 능력, 특정 행위에 따르도록 집단의 사람들에게 영향력을 행사하는 능력을 말한다. 이 지능을 향상시키는 활동에는 피드백 주고받기, 타인의 감정에 대한 이해, 협력학습 전략, 일대일 상호 작용, 동감, 분업, 집단 프로젝트 등이 있다. - 타인의 기분, 기질, 동기, 욕구를 알고 적절히 반응하는 능력(EQ)	타인의 욕구, 동기, 감정	상담자, 정치지도자, 인사담당자, 세일즈맨, 교사

지능	핵심 개념	민감한 자극	최고 수준의 발달 상태
개인 이해 지능 (Intrapersonal Intelligence)	개인 이해 지능은 자신의 신념, 감정, 의도, 동기 등을 이해하고 자신의 장단점을 관리·통제하는 능력을 말한다. 다른 사람들과 함께 일하기보다는 혼자 일하기를 좋아한다. 이 지능을 향상시키는 활동에는 내성적 사고, 사고 전략, 정신 집중 기술, 추론, 자아 인식, 목적 인식, 감정 관리, 행동 관리 등이 있다. – 자신의 감정에 충실하고, 자신의 정서들을 구분하는 능력(자신의 장점과 약점에 대한 인식)	자신의 감정, 충동, 기분, 심층적 사고	심리학자, 철학자, 성직자, 소설가, 프로그램 개발자
자연 탐구 지능 (Naturalistic Intelligence)	자연 탐구 지능은 최근에 등장한 지능 영역으로, 식물과 동물, 과학을 포함한 자연 세계를 이해하는 지능을 말한다. 이 지능을 향상시킬 수 있는 활동으로는 견학, 소풍, 자연 보호, 애완동물 키우기, 동물과 식물 관찰하기 등이 있다. – 동물과 식물을 관찰, 분석, 비교, 분류하는 능력: 자연계의 특성(구름, 바위, 천체의 배치 등)에 대한 민감성	동물, 식물, 바위, 구름	생물학자, 원예사, 사냥꾼, 낚시꾼, 농부, 요리사

이 여덟 가지 지능은 모든 사람에게 어느 정도는 다 있되 나타나는 정도는 사람마다 다르다. 가드너 박사(1993)에 따르면 사람들은 각 지능을 어느 정도까지는 발달시킬 수 있다고 한다. 특히 아동기의 환경 조성, 즉 훈련으로 지능 발달이 촉진될 수 있다고 본다.

각 지능 특성을 활용하는 수업 전략

지능	수업 전략
언어	이야기 말하기(storytelling), 독서, 단어 게임, 책 만들기, 대화하기, 브레인스토밍(brainstorming), 테이프 리코딩(tape recording), 발표하기, 글쓰기
논리 – 수학	순서대로 배열하기, 과학 실험, 수수께끼, 문제 해결, 참 · 거짓 알아맞히기, 추측하기, 분류하기, 연관성 찾기, 예견하기, 수/패턴 게임
공간	차트, 표, 그림, 사진 등 시각 자료, 비디오, 마인드 맵, 그리기, 색칠하기, 만화 · 그림 이야기, 상상하기, 지도 읽기, 시각적 퍼즐
신체 – 운동	만들기, 조립하기, 역할 놀이, 인형극, 무언극, 제스처 게임, 춤추기, 율동 만들기, 신체 활동, 사람 찾기, 퍼즐 맞추기
음악	노래, 찬트, 배경 음악, 새로운 멜로디 창작하기, 소리 듣고 알아맞히기
대인 관계	전통적인 경쟁 분위기보다는 협력학습, 집단학습 과정에서 나타나고 길러질 수 있다. 또 과도한 압력과 기대, 집착은 일반적으로 재능 발달과 정서에 부정적이지만 적절한 관심과 기대는 매우 긍정적인 효과가 있다. 따라서 교실 수업에서 집단학습이나 협동학습을 도입한다. 짝 활동, 친구 가르치기, 집단 브레인스토밍, 집단 문제 해결, 프로젝트, 보드 게임, 협동학습
개인 이해	개별학습, 개별 프로젝트, 일기 쓰기, 묵독하기, 활동 선택하기, 자기 평가하기, 자기 생각과 감정 표현하기
자연 탐구	분류, 범주화하기, 유사점과 차이점 찾기, 동물과 식물을 소재로 하기

다중 지능을 위한 수업 구성의 예시

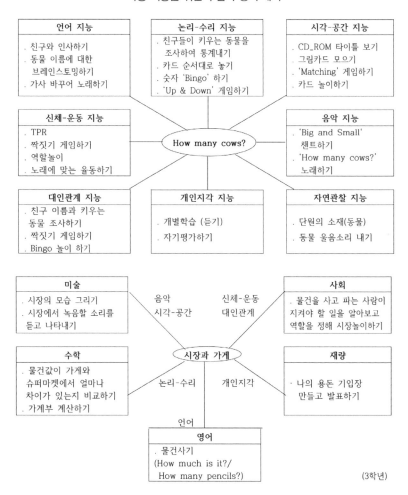

언어 지능	논리-수리 지능	시각-공간 지능

. 친구와 인사하기
. 동물 이름에 대한
  브레인스토밍하기
. 가사 바꾸어 노래하기
	. 친구들이 키우는 동물을
	  조사하여 통계내기
	. 카드 순서대로 놓기
	. 숫자 'Bingo' 하기
	. 'Up & Down' 게임하기
		. CD_ROM 타이틀 보기
		. 그림카드 모으기
		. 'Matching' 게임하기
		. 카드 놀이하기

신체-운동 지능		음악 지능

. TPR
. 짝짓기 게임하기
. 역할놀이
. 노래에 맞는 율동하기
	How many cows?	. 'Big and Small'
		  챈트하기
		. 'How many cows?'
		  노래하기

대인관계 지능	개인지각 지능	자연관찰 지능
. 친구 이름과 키우는 동물 조사하기 . 짝짓기 게임하기 . Bingo 놀이 하기	. 개별학습 (듣기) . 자기평가하기	. 단원의 소재(동물) . 동물 울음소리 내기

미술		사회

. 시장의 모습 그리기
. 시장에서 녹음할 소리를
  듣고 나타내기
	음악
	시각-공간 신체-운동
	대인관계
		. 물건을 사고 파는 사람이
		  지켜야 할 일을 알아보고
		  역할을 정해 시장놀이하기

수학		재량

. 물건값이 가게와
  슈퍼마켓에서 얼마나
  차이가 있는지 비교하기
. 가계부 계산하기
	시장과 가게
	논리-수리 개인지각
		· 나의 용돈 기입장
		  만들고 발표하기

언어

영어
. 물건사기 (How much is it?/ How many pencils?)

(3학년)

다중 지능 이론의 교육적 활용

- 다중 지능 이론은 모든 개인이 모든 지능 영역에 대한 잠재력을 보유하고 있으며, 하나 이상의 우수한 지능 영역을 가지고 있음을 인정하고 있다.

- 다중 지능 이론에 기초한 교수, 학습의 다양화는 다중 지능을 계발하고 개인의 장점과 잠재력을 극대화시키는 교육을 하는 데 도움을 주며, 학습에 어려움을 겪고 있는 학습자들을 효과적으로 지도할 수 있다.

- 지능은 생물학적 요소와 환경 요소 간의 지속적인 상호 작용으로 교육이 가능하므로 변화 및 성장이 가능하다. 특히 학생 성장기에 환경을 조성(훈련)하여 지능 발달의 촉진이 가능하다.

- 교사는 학습자들의 잠재된 능력을 발견하고 더 많은 기회를 통해 그것을 계발할 수 있는 수업을 해야 한다. 교사의 수업 준비는 동일한 개념에 대해 다양한 방법으로 접근할 수 있도록 안내하여 주는 것이다. 즉, 교과 성격과 학습자 지능에 맞추어 한 교과의 수업 자료를 다른 지능의 정보 처리 체제로 변환하여 가르치는 방법을 마련하는 것이다.

- 지금까지는 학교 현장에서 주로 언어적, 논리 - 수학적 영역에 중점을 두고 측정하여 왔던 학습자들의 능력이나 수업 방법을 다른 영역에도 확대 · 적용시킬 필요가 있으며, 평가 또한 기존 방식과는 다르게 접근해야 한다는 것이다.

다중 지능 향상을 위한 지도 교사의 역할

- 다중 지능 이론에 입각한 교육을 하는 교사들은 전통적인 학교 와는 달리 새로운 역할을 수행해야 한다. 그 새로운 역할이란 사정 전문가(예리한 관찰자), 학생 – 교육과정 연계자(bridge), 학교 – 지역 사회 연계자(교육 기부)로서 역할이다.
- 학교는 학습자들에게 다양한 학습 영역에서 학습 경험을 할 수 있도록 교육 내용을 다양화해야 한다(프로그램 개발자).
- 학습자들의 지적 특성에 맞는 학습 내용을 구성하여 제시하고 그에 알맞은 교수 방법을 구사해야 한다.
- 아동의 약점을 보완하려면 먼저 아동의 강점을 강조해야 한다.
- 통합 교과를 구성하여 운영한다(교육과정 넘나들기).
- 수업은 발달 궤도(developmental trajectory)에 따른 지능의 표현과 관련하여 변화해야 한다.
- 학교에서 하는 평가는 학생 간 개인차를 찾아내는 것보다 학습 자 지능에서 강점과 약점을 파악하여 적절한 교수 내용과 방법 을 연결해 주는 평가여야 한다.

그럼 이어질 것은? 오직 실천

다중 지능 이론은 심리 측정적 관점과 학교에서 전통적으로 강조되어 온 언어 지능, 논리 — 수학적 지능 외에 음악 지능, 공간 지능, 신체 — 운동 지능, 개인 이해 지능, 대인 관계 지능, 자연 탐구 지능까지 총 여덟 가지로 지능을 분류했다. 각 지능이 나타나는 정도는 개인마다 다르기 때문에 학생별로 우수한 지능을 발견하고 이것을 활용하여 가르친다면 수업 효과는 높아진다고 말한다. 이런 다중 지능 이론은 개정교육과정의 두드러진 특징인 창의적 자기 표현력을 신장하는 학습자 중심의 '수준별 교육과정' 실천에 유용하다고 볼 수 있다. 이런 측면에서 교육 활동에서 인간의 다양한 지적 능력 중 일부만 강조하는 기존의 지능 개념은 지양하라고 말한다. 또 지능은 '현실 그대로에서 문제를 해결하고 문화적 산물을 창출해 내는 능력'이라고 정의하고 있다. 따라서 다중 지능 이론에 기초한 다양한 체험 활동으로 학습 기회를 만들어 줌으로써 아동 개인의 표현 본능을 만족시키고 자신의 숨은 능력을 발견하고 전인적 발달과 개성 및 소질의 계발, 신장을 도모하는 것을 가치 있는 일로 보는 교육 이론이다.

다중 지능 이론에 대한 개괄적인 내용을 살펴보는 순간 눈이 확 뜨이는 것을 경험했다. 바로 이것이었다. 비록 벽지의 작은 학교인 분교이지만 열악한 교육 환경을 극복하고 근래 들어 계속 화두가 되고 있는 21세기 미래형 인재에 걸맞은 교육을 위해 이 이론을 한번 적용해 보고 싶었다. 그래서 만들어 냈다. 일명 "MI(다중 지능) 중심 통합적 교육 활동"

이다. 다시 말해 다양한 학습 프로그램을 제공하여 언어 지능 향상, 감수성 훈련, 자기 표현력 신장, 문화 예술적 감각을 신장시킴으로써 교육과정 운영의 질을 향상시킬 뿐 아니라, 모두가 행복해지는 행복 충전소인 학교로 한껏 발돋움해 나가야겠다는 소망을 품게 된 것이다.

그렇다면 이제 남은 것은 무엇일까? 바로 실천, 또 실천뿐이다.

06

교육을 디자인하기 시작하다

주춧돌을 무엇으로 잡을 것인가?

사상누각(沙上樓閣)이라는 말이 있다. 모래 위에 지은 집이라는 뜻으로, 기초가 튼튼하지 못하여 오래 견디지 못할 일이나 물건을 이른다.

개그에 가끔 우스꽝스럽고 유머러스한 캐릭터로 변화시켜 등장하는 나폴레옹의 어록 하나가 있다. 나를 따르라며 수천수만 병사를 이끌고 어느 산맥을 넘어가던 나폴레옹은 산 정상에서 이렇게 말했다고 한다. "어? 여기가 아닌가벼!" 이처럼 황당하고 당혹스러운 일이 어디 있겠는가? 그 어떤 영역보다도 개그스러운 일이 벌어지면 안 될 영역 중 하나가 바로 교육이 아닌가 싶다.

왜? 다름 아닌 사람의 인생, 삶이 직결되어 있기 때문이다. 사실 백

년지대계라고 그 어떤 것보다 철두철미하고 주도면밀한 가운데 정확한 로드맵이 세워져야 하는 영역이 교육 아닌가?

그렇다면 사상누각적 교육이 아닌 초석 자체가 튼튼하고 건실한 교육 기틀을 다지려면 어떻게 해야 할까? 학급이든 학교든 그것을 운영해 나가는 나름의 철학을 세워야 하는 것이 최우선이 아닌가 싶다. 일명 교육 철학 말이다. 그러한 주춧돌이 있고 초석이 있을 때 그 어떤 비바람이 불어와도 요동치거나 흔들리지 않고 꼿꼿이 전진해 나갈 수 있지 않겠는가? 철학이 없는 교육은 앙꼬 없는 찐빵이다. 맛이 없다. 더불어 키(rudder) 없는 배와 같다. 주변의 바람과 환경, 상황에 따라 언제든지 전복될 수 있다.

철학? 보기에는 고상한 것 같지만 교육에 대한 자신만의 관점, 생각이 아니겠는가? 그만큼 교육·학급 경영에서 나름의 근간, 철학을 세우는 일은 너무나 중요하다. 모래 위에 집을 지을 것인가? 콘크리트 철근 바닥을 기초로 할 것인가? 이런 학급 경영 철학이 비단 학급에만 적용되어서는 안 된다고 생각한다. 학교 자체도 철학이 담긴 운영이 되면 좋겠다는 생각을 많이 한다. 단순히 관리자의 철저한 개인적 마인드, 성향, 느낌에 의존한 경영이 아닌 학교와 교사, 학생 모두를 풍성하게 할 수 있는 생동력 있는 학교 경영 철학이 있는 것과 없는 것은 하늘과 땅 차이라는 것을 새삼 실감하게 된다. 그래서 교육에 대한 철학을 고민해 보기 시작했다.

철학이란?

철학(哲學, philosophy)이라는 용어는 소크라테스(Socrates, B.C. 470~399)에서 시작된다. 소크라테스가 문제를 삼았던 것은 자연이 아니라 인간이다. 따라서 "철학이란 무엇인가?"라고 묻는 질문 자체가 이미 "인간이란 무엇인가?", "인생, 삶이란 무엇인가?" 하는 문제와 맞물린다고도 볼 수 있다. 그러나 좀 더 단순화하면 자기 스스로 생각하고 이해하고 인식하며 행동으로 표현하는 모든 것이 철학이라고 볼 수 있다(『서양철학 일반』, 류명걸, 1998). 예를 들어 "사람은 누구나 자기 인생의 체험과 사색을 통하여 저마다 저다운 행복의 철학을 갖는다."(『사색인의 향연』, 안병욱, 1984) 그렇다면 이런 철학을 바탕으로 실제로 운영해 나가야 할 학급 경영이라는 것은 어떤 것일까?

학급 경영이란?

학급은 학교 생활에서 학생의 학습과 생활의 기초가 되는 곳이다. 따라서 학급 경영에는 우선 학습 효과를 높이는 조건을 정비해야 한다는 문제가 있지만, 동시에 집단 생활에 의한 사회적 훈련이라는 고유의 교육적 문제도 있다. 학습 조건의 정비와 아울러 그것 자체가 교육이라는 이면성을 가지는 학급 경영은 관용상 경영이라는 말을 사용하지만, 실제로는 학급의 교육 활동이라는 의미를 강하게 지닌다. 즉, 학급의 모든 교육 활동 중에서 직접적인 수업 활동을 제외한 기타 교육 활동 전부가 학급 경영에 포함되는 것이다. 학교가 가지는 고유의 역할은 지식과 기능을 습득시켜 지성적인 인간 형성을 도모하는 교육 활동을 영위하는 데 있다. 이 모든 것을 압축해서 표현하자면 "학급 경영이란 학교 교육의 단위 조직인 학급을 교육 목적에 따라 효율적으로 운영하고자 영위하는 일련의 행위이다."

학급 경영 철학 세우기 중요성

어떤 기준을 세우고 기초석을 어떻게 잡느냐에 따라 관점 및 방향성, 지속성 유지의 결과물은 천차만별이다. 마치 첫 단추를 어떻게 꿰느냐 하는 결과물처럼 말이다. 단추 하나 잘못 꿰는 순간 그 옷을 입은 사람은 한순간에 천박해질 수도, 애초에 의도한 대로 세련된 신사로 유지될 수도 있는 것이다. 관건은 그 시작점을 어떻게 하느냐에 달려 있다.

학급 경영 목적

학급은 억압으로 관리되어서는 안 되고 학생이 생활의 주체가 되게 경영해야 한다. 학급 경영에서는 학생들의 인격을 존중하고 개성(個性)을 유발하며 동시에 공동체 일원으로 사회성을 갖도록 해야 할 것이다.

학급 경영 방법

① 효율적 수업을 위한 물적 조건 정비, ② 학급 내에 일정한 질서 유지를 위한 훈련, ③ 수업에 주의 집중 등이 주요 과제다(『교육학용어사전』, 서울대학교 교육연구소, 2011).

나만의 학급 경영 철학이란?

가장 효율적인 학급 경영을 위한 필자 나름의 잣대는 기준, 생각, 관점, 의식이 아닐까 싶다.

학급 경영의 예시

MI(다중 지능) 중심 통합적 교육 활동을 통해 만들어지는 새로운 행복 에너지 충전소

- 운영 기간: 2010~2015년(6년간)
- 운영 대상: 2010~2012년(홍천 성동분교 재학생: 2010년 7명, 2011년 6명, 2012년 3명)
- 운영 대상: 2013~2015년(홍천 노일분교 재학생: 2013년 6명, 2014년 8명, 2015년 8명)

운영 내용 1 LI(언어) 중심의 행복 에너지 충전소 만들기

가. 나는야, 슈퍼스타 K – 전국 방송 출연 및 지역 신문 탑재
나. 모두가 리더인 어린이회 – 자발적 참여에 의한 학생 자치 활동
다. 나의 꿈 나의 미래 여행

운영 내용 2 BI(신체 운동) 중심의 행복 에너지 충전소 만들기

가. 나도 티칭 프로 – 골프
나. 댄싱 위드 더 스타 – 라인댄스
다. 점프·점프, 나는야 쌩쌩 줄돌이^^ – 음악 줄넘기
라. 스포츠가 즐겁다
마. 우리 것이 좋은 것이야 – 100분 만에 만드는 전래놀이 오곡밥

운영 내용 3 SI(공간 지각) 중심의 행복 에너지 충전소 만들기

가. 해상왕 장보고 따라잡기? 어렵지 않아~요 - 해양환경 체험학습

나. 산 따라, 길 따라, 역사 따라 - 역사기행 체험학습

다. 문화예술 체험학습으로 행복한 삶 가꾸기

라. 학교가 화~악, 바뀌었어요 - 사랑 가득한 러브 하우스

운영 내용 4 MI(음악) 중심의 행복 에너지 충전소 만들기

가. 나의 재능을 찾아서 #1: 나도 연주자(바이올린, 리코더, 소금 연주)

나. 나의 재능을 찾아서 #2: 위대한 탄생 - 노일 보컬밴드 NO 1

운영 내용 5 LMI(논리 수학) 중심의 행복 에너지 충전소 만들기

가. 트라이앵글 책임 관리제를 통한 사이버 가정학습으로 고고씽!

나. 즐겁게 스스로 공부하는 아이 만들기 프로젝트

다. 도우미 선생님이 계셔서 수업이 한층 더 즐거워졌어요^^

라. 화계 배움이 학습 일기장으로 흥미 Up, 실력 Up, 행복 Up!

운영 내용 6   II(개인 이해) 중심의 행복 에너지 충전소 만들기

가. 책은 마음의 양식 – 책이랑 노는 아이들

나. 나의 꿈 찾기, 꿈 맵(map) 만들기 – 직업 체험학습

운영 내용 7   III(대인 관계) 중심의 행복 에너지 충전소 만들기

가. 함께하면 능률 두 배, 기쁨 두 배, 행복 두 배 – 『따로 또 함께』
   본·분교 두레학습의 즐거움

나. 지역 주민과 함께하는 더불어 사는 행복한 삶

다. 군인 아저씨들과 함께하는 나라 사랑 이야기

라. 어른들과 함께하는 즐겁고 행복한 밥상머리 교육

마. 가르침을 주는 모든 이가 스승입니다

바. 등잔 밑에서 찾은 교육 기부, 나눔 실천 이야기

사. 행복 에너지 충전으로 학교 폭력 제로화

운영 내용 8   NI(자연 이해) 중심의 행복 에너지 충전소 만들기

가. 수확, 결실의 기쁨을 누려요 – 참살이 농장 가꾸기(자연 친화적 교육)

나. 생명의 소중함을 배워요 – 동물 키우기(자연 생태 교육)

주제: "트라이앵글 3S 꼭지점 협력 체제"가 소규모 학교 스포츠클럽
활성화 및 창의 · 인성, 기초 체력에 미치는 영향

- 운영 기간: 2013년 3월~2014년 2월(12개월)
- 운영 대상: 홍천 노일분교 6명(남 3명, 여 3명)

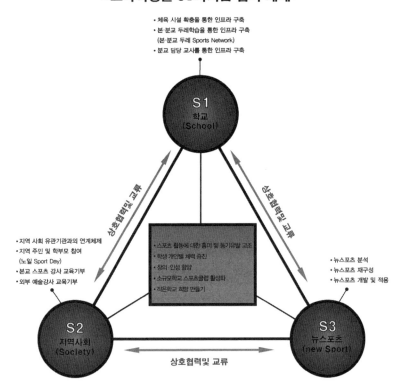

● 트라이앵글 3S꼭지점 협력 체제 ●

• 체육 시설 확충을 통한 인프라 구축
• 본·분교 두레학습을 통한 인프라 구축
  (본·분교 두레 Sports Network)
• 분교 담당 교사를 통한 인프라 구축

S1
학교
(School)

지역사회

•지역 사회 유관기관과의 연계체제
•지역 주민 및 학부모 참여
  (노일 Sport Day)
•본교 스포츠 강사 교육기부
•외부 예술강사 교육기부

•스포츠 활동에 대한 흥미 및 동기유발 고조
•학생 개인별 체력 증진
•창의·인성 함양
•소규모학교 스포츠클럽 활성화
•작은학교 희망 만들기

•뉴스포츠 분석
•뉴스포츠 재구성
•뉴스포츠 개발 및 적용

상호협력및 교류

S2
지역사회
(Society)

S3
뉴스포츠
(new Sport)

상호협력및 교류

"트라이앵글 3S 꼭지점 협력 체제"에서 무게 중심은 어느 한쪽으로 기울어지지 않고 세 변의 길이가 동일하다. 즉, 세 꼭지점이 정확히 형성되어 그 어떤 물리적 힘이 가해지더라도 모양과 틀이 절대로 무너지지 않고 견고히 세워 버티는 특징이 정삼각형과 서로 비슷하다. 학교 스포츠클럽, 특히 소규모 학교 스포츠클럽 활성화에 있어 가장 필수적인 세 요소는 학교(School), 지역 사회(Society), 뉴스포츠(new Sports)다. 이 세 요소가 정삼각형의 세 꼭지점처럼 무게 중심이 어느 한쪽으로 쏠리지 않고 그 힘의 비례 또한 동일하게 작용되며 서로 유기적인 협력 체제까지 이룸으로써 끝내는 학생 개인별 체력 증진, 창의 인성 함양, 스포츠클럽 활성화라는 목표를 이룬다는 의미에서, 본 · 분교 자체적으로 창조한 창의적인 프로그램의 명칭이다.

트라이앵글 3S 꼭지점 협력 체제?

이것은 소규모 학교 스포츠클럽 활성화 및 창의 · 인성, 기초 체력 향상을 위해 필자가 고안한 시스템이다. 이렇듯 교육 활동을 함에 있어 자신만의 창조적인 교육 프레임을 만들어 보는 것이 중요하다. 특히 필자는 트리니티(trinity)를 좋아하는 편이다. 독불장군은 있을 수 없다. 하나보다는 둘이 낫고, 둘보다는 셋이 낫다. 힘에서나 효과성이라는 능률 면에서 더욱 그렇다. 사공이 많으면 배가 산으로 간다고 너무 많으면 다소 산란할 수 있기에 단촐하면서도 집약적인 이런 교육 프레임을 갖고 움직이면 교육 활동에서 많은 도움을 받을 수 있을 것이다.

- 운영 기간: 2014년 3월~2015년 2월(12개월)
- 운영 대상: 홍천 노일분교 8명(남 5명, 여 3명)

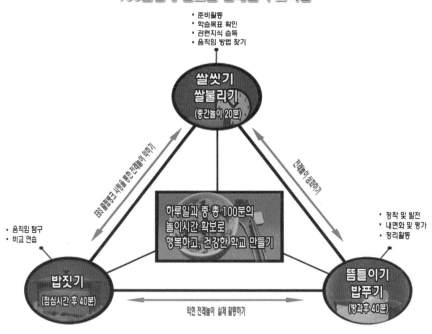

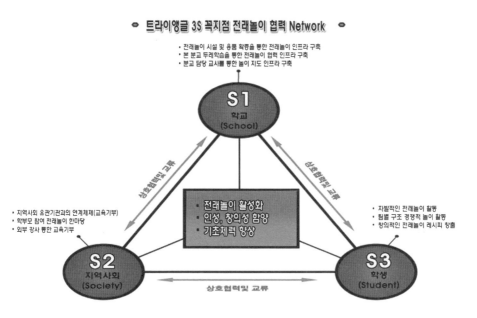

트라이앵글 3S 꼭지점 전래놀이 협력 Network

- 전래놀이 시설 및 용품 확충을 통한 전래놀이 인프라 구축
- 본 분교 두레학습을 통한 전래놀이 협력 인프라 구축
- 분교 담당 교사를 통한 놀이 지도 인프라 구축

S1
학교
(School)

상호협력및 교류

상호협력및 교류

- 전래놀이 활성화
- 인성, 창의성 함양
- 기초체력 향상

- 지역사회 유관기관과의 연계체제(교육기부)
- 학부모 참여 전래놀이 한마당
- 외부 강사 통한 교육기부

- 자발적인 전래놀이 활동
- 팀별 구조 경쟁적 놀이 활동
- 창의적인 전래놀이 레시피 창출

S2
지역사회
(Society)

상호협력및 교류

S3
학생
(Student)

MI 중심 통합적 교육 활동 운영 결과

1. 다중 지능 이론 중심으로

가. 다중 지능 이론에 근거한 다양한 교육 활동을 통해 창의성을
   자극하고 신장시키며 자기 주도적인 학습을 이끌어 낼 수 있
   었다.

나. 다중 지능 이론을 적용한 다양한 교수·학습 활동에서 활용될
   수 있는 방법 및 전략을 우리 교실 상황에 맞게 적절히 재구성

함으로써 학습 효과를 높일 수 있었고 학생들에게 자신감을 심어 줄 수 있었다.

다. 몸으로 친해지는 프로그램은 각 교과와 연계하여 다양한 학습 방법을 통한 다중 지능 교육의 지도로 개인 이해 지능 및 대인 관계 지능 측면에서 교실 수업 개선의 방향을 제시했고, 체험 활동을 통해 공동체 의식의 함양, 자연과 더불어 교감을 공유했고, 창의적인 표현 활동, 자기 성찰적인 다양한 사고 활동과 정서 표현 활동, 자아 존중적인 활동 등의 기회를 제공해 주었다.

라. 가정과 연계한 다중 지능 체험 활동 프로그램은 부모님이 학교와의 밀접한 관계를 형성하는 가운데 자녀의 학교 생활에 큰 관심을 가지게 해 주었다.

마. 대인 관계 지능 향상을 위한 여러 다양한 프로그램을 통해 자기에게 주어진 일에 최선을 다해야 함과 함께, 하기 싫어도 모둠을 위해서는 협동심과 봉사심을 갖고 공동체 발전에 공헌해야 함을 서서히 알아 가게 되었다. 그것이 곧 행복하고 즐거운 학교 생활에 도움을 주고, 학교 폭력 없는 학교로 발돋움하게 한다.

바. 신체 운동 지능과 관련하여 친구들과 체육 활동을 즐겁게 하는 동안, 기초 체력과 다양한 체육 활동 기능이 자연스럽게 향상되는 효과가 있었다.

사. 친구들과 체육 활동을 즐겁게 하는 동안, 체력과 다양한 체육 활동 기능이 자연스럽게 향상되는 효과가 있었다.

2. 학습 태도 중심으로

가. 학습 의욕 면에서는 하기 싫어하던 아이들이 흥미가 곁들여진 다중 지능 학습 활동으로 인하여 학습 활동에 적극적인 동참이 가능하게 되었다.

나. 학습 활동의 다양화로 발전적인 학습자 역할을 할 수 있게 되었고, 내적 동기 유발이 강화되어 학생들이 흥미 있게 학습에 임하게 되었다.

다. 자기 주도적 학습 면에서는 "못해요."라고 주로 하던 학생이 학습 시간에는 자기 활동에 열중하는 모습을 보이며, 처음에는 특정 활동에만 집중되던 학습 방법도 더 재미있고 새로운 학습 방법도 있을 것이라는 기대를 가지는 등 다양한 활동에 관심을 가지게 되었다.

라. 학습 활동 면에서는 다중 지능학습의 기초 다지기로 학습 방법을 익히게 되었고 다중 지능학습 활동의 색다른 아이디어를 창출해 내려고 노력하고, 개념 이해와 창의적 표현 활동에 더욱 적극적인 학습 태도를 가지게 되었으며, 창의적 사고력의 표현으로 학습 산출물 수준이 높아지는 것이 엿보였다.

마. 창의성 신장 면에서는 '창의성'이 무엇인지 구체적으로 표현할 줄은 몰라도 혼자 생각하는 법을 익히고 나의 생각대로 사고한 내용이 중요함을 알게 되었다. 자기 조절학습이 이루어져 창의적이고 확산적인 사고력이 점차 신장되고 있다.

3. 생활 태도 중심으로

가. 교사가 개인적으로 다가가서 보이는 작은 관심과 격려, 선물이 아이들에게는 커다란 신뢰와 사랑으로 쌓이게 된다는 것을 알 수 있었다. 이 신뢰와 사랑으로 자신감이 생겨 생활에 활력이 되었다.

나. 가정 연계 프로그램을 통해서는 가족과 대화하고 재미있는 활동을 하면서 서로에게 관심을 가지고 한 번 더 웃을 수 있는 즐거운 분위기를 만들 수 있었다. 이런 분위기 속에 화목이 싹트게 되고 서로를 사랑하고 배려하는 마음을 가지게 되었다. 가족의 소중함을 느끼며 부모님 은혜에 감사한 마음으로 효를 실천하려는 마음이 생기게 되었다.

다. 나의 꿈, 나의 미래에 생각할 수 있는 활동을 많이 할수록 더 진지해지고 구체적인 생각을 하는 모습들을 볼 수 있었다. 막연하게 좋아 보이거나 친구 따라 장래 희망을 말하던 아이들도 내가 하고 싶은 일을 생각하고 미래를 설계하며, 관련 책을 찾아 읽는 대견한 모습을 보였다.

라. 자신의 좋은 점과 고쳐야 할 점, 잘하는 것, 소중한 것들을 생각하며 나를 돌아볼 수 있는 기회를 마련했다. 좋은 점을 인정받고 자신 주변의 소중한 것들을 생각하며 더 즐겁고 자신 있게 생활하는 모습을 볼 수 있었다.

마. 사교육이 활성화되어 있지 않은 산간벽지라는 측면에서 방과 후 시간을 무의미하게 보낼 수 있는 취약점을 보완, 건전한 여가 시간으로 자리매김할 수 있었다.

바. 혼자가 아닌 여러 명이 실제적인 몸으로 하는 체험학습 프로그램을 통해 공동체 의식의 함양, 자연과의 교감 공유, 창의적인 표현 활동, 자기 성찰적인 다양한 사고 활동과 정서 표현 활동, 자아 존중적인 활동 등의 기회가 마음껏 제공되었다.

사. 가정 연계 프로그램을 통해서는 핵가족화, 맞벌이화된 가족 내에서 막혔던 담들이 허물어지는 계기가 되었다. 무엇보다 재미있는 활동을 통해 서로에게 관심을 가지고 한 번 더 웃을 수 있는 즐거운 분위기가 만들어졌다.

아. 이런 다채로운 교육 활동에 대한 진정성을 인정받게 된 결과, 본교의 교육 활동에 관심 있는 분들이 산촌 유학과 귀농을 통해 전학을 오게 되었다. 전교생 2명으로 인해 폐교 권고 대상이었던 본 분교가 이제는 "작은 학교 희망 만들기", "체험학교" 롤 모델로 제시되는 기회까지 주어졌다.

자. 언젠가 우리 아이들의 입에서 실제로 나온 고백이 있다. "선생님 저 태어나서 이런 거 처음 해 봐요.", "선생님 오늘은 대체 어떤 새로운 일들이 일어날까요?", "선생님 저 방학 동안에 학교 나오면 안 돼요?", "엄마, 나 학교 가는 게 제일 행복해." 이처럼 다채로운 활동을 통한 '모두에게 행복을 충전해 주는 행복 충전소와 같은 학급, 학교'가 되었다.

교육 만족도

박○○ 학생 어머님

OBS 인터뷰 中 _ 아이가 행복해 해요. 학교 가는 게 즐겁다고 이야기해요.

김○○ 학생 어머님

OBS 인터뷰 中 _ 산교육이 바로 이거구나 싶고, 저도 다니고 싶어요.

안○○ 학생 아버님

OBS 인터뷰 中 _ 진정한 가족이라는 생각이 많이 들어요.

6학년 회장 정○○ 학생

MBC 〈강원365〉 인터뷰 中 _ 노일분교는 컨디션 회복제다.

5학년 부회장 장○○ 학생

MBC 〈강원365〉 인터뷰 中 _ 노일분교는 자연친화 학교다.

5학년 안○○ 학생

MBC 〈강원365〉 인터뷰 中 _ 노일분교는 나의 가족이다.

5학년 김○○ 학생

MBC 〈강원365〉 인터뷰 中 _ 노일분교는 친구다.

4학년 김○○ 학생

MBC 〈강원365〉 인터뷰 中 _ 노일분교는 왕따가 없다.

: 07 :

교육의 정상을 맛보다

강원도 나아가 대한민국 최고의 교육상을 수상하다

이런 교육 활동을 펼친 결과였을까? 앞서 언급한 대로 2012년 강원도교육청과 함께 강원도 한 지방지에서 주최하는 '제11회 행복한 학교 함께하는 교육상' 교사 부문에서 단독 대상을 수상했다(상금 300만 원). 여기서 멈추지 않고 그 기세를 몰아 2015년에는 교육부가 주관하고 『조선일보』가 주최하는 2015 올해의 스승상 당해 연도 최연소 수상자가 되었다(상금 1000만 원).

2012 행복 교육 대상

2015 올해의 스승상

땀은 삶을 속이지 않는다

땀은 삶을 속이지 않는다. 지금도 아이들에게 자신 있게 할 수 있는 주제가 되었다. 왜? 필자가 실제로 경험한 사실이기 때문이다. 아이들에게 이런 말을 할 때 그 어느 때보다도 자신감이 넘쳐 난다. 그것은 바로 나와 아이들에게서 동떨어진 예화가 아닌 실제 그 자체이자 생활 밀착적인 내용이기 때문이다. 이렇듯 6여 년간 정말 미친 듯이 최선을 다해 살아왔던 것 같다. 그 최선은 결코 삶을 속이지 않았다.

단순 교육 프로그래머로 전락된 나를 발견하다

밀려오는 공허함

일명 2012년 강원도 제패, 2015년 전국 석권. 주변 사람만 알고 대부분은 알지도 못하고 알아주지도 않는다는 함정이 있지만, 어쨌든 가문의 영광을 누렸다. 인간이란 참 오묘한 존재다. 그렇게 목표 지향적으로 푯대를 향해 전진하며 오로지 최선만 부르짖으며 달려온 6여 년의 열정적인 교직 생활에서 교육의 최고봉이라고 할 수 있는 교육상을 거머쥔 것이다. 남부러울 것 하나 없는 그야말로 휘황찬란한 삶 아닌가?

그런데 이것이 웬일인가? 그때부터 공허함이 밀려왔다. 감당이 안 될 정도로 마음이 허하기 시작하는데 주최할 수가 없었다. '뭐지? 왜 이러지? 할 만큼 했잖아' 그런데 마음이 왜 이러는지 알다가도 모를 일이었다. '너무 전진만 외치며 힘들게 달려온 것에 대한 부작용일까? 그럼 좀 쉬면 될까? 아니면 마지막까지도 최선을 다했음에도 이런 공허함이 밀려온 것은 혹시 나한테 문제가 있어서일까? 뭔가 방향을 잘못 잡고 전진했던 것일까? 아니면 내가 최선이라 여기며 붙잡았던 것에 본질적으로 문제가 있었을까?' 점점 머릿속이 복잡해졌다.

단순 교육 프로그래머로 전락되어 버린 나를 발견하다

그러던 중 희미하게나마 알게 되었다. 필자는 '참 교육'이라고 여기며 실제로 실천했던 것들이 교육 운동, 교육 프로그램을 진행한 것에 불과했음을 말이다. 물론 아이들은 이렇게 말한다. "방학이 없었으면 좋겠어요. 밥도 안 먹고 아침 일찍 학교에 오고 싶어요. 일요일에도 학교 나오면 안 되나요? 오고 싶은 학교, 가고 싶은 학교, 머물고 싶은 학교를 만들어 주셔서 정말 감사합니다."

즐거운 학급, 학교를 만들기는 했었다. 그런데 즐거운 학교, 재미있는 학교 딱 거기까지였던 것 같다. 그러다 보니 그 많은 스포트라이트를 받았음에도 내 마음은 여전히 뭔가 허전했던 것이다.

그러다 나중에서야 알게 되었다. 아이들과 학교의 외적 변화는 가능했는지 몰라도 아이들의 삶이 실제로 변화된 내적 측면, 밀도 있는 삶의 영역은 미미했다는 것을 말이다. 그럼 교육이란 정말 무엇일까? 또다시 고민하지 않을 수 없었다. 도대체 교육이란 무엇일까? 학교란 무엇일까?

성숙

3부. 교사의 회복탄력성이 시작되다

교사 17년 차, 교육의 본질을 다시 고민하다

계속되는 고민의 중요성

삶을 살아가면서 부딪히는 문제를 단번에 완벽하게 해결하기 쉽지 않듯이, 교직 생활에서 직면하는 문제들 역시도 '이것이 정답이야'라고 명쾌하게 마침표를 찍을 수 없다. 그도 그럴 것이 삶의 깊이에 따라 고민하는 측면이 점점 더 심화될 뿐 아니라 교육 자체는 시대적 조류에 따라 끊임없이 변화한다. 그렇기에 그것에 발맞추어 나가는 우리 교사들의 고민도 계속 깊어질 수밖에 없는 것이 어쩌면 당연한 이치가 아닐까.

그런데 그 고민을 염려로만 그칠 것인지, 아니면 긍정적이고 발전적인 성찰로 승화시킬 것인지는 한 끗 차이인 것 같다. 염려는 안 되는 것을 부여잡은 채 계속 하나의 짐으로 얹어 놓고 사는 삶인 반면, 고민은 변화와 개혁을 위한 진취적인 발걸음을 내딛는 삶이라는 차이가 있다. 그렇기에 우리 교사들은 소모적이고 영양가 없는 염려가 아닌 발전적 고민으로 마땅히 나아가야 한다.

진통이 아닌 성숙의 과정 즐기기

되돌아보면 지금까지는 나의 교육적 외도와 게으름, 나태함, 안일함과의 치열한 싸움이었던 것 같다. 그 가운데 참회하는 심정으로 추구했던 한 가지는 오로지 열정이었다. 어쩌면 내 교직에서의 시즌 1이 아니었을까. 그러나 누구도 범접할 수 없는 미친 열정을 추구하는 과정이었음에도 그 속에서 개인적으로는 참 많은 갈급함이 있었다. 교육이란 진정 무엇인가? 교사란 어떤 존재인가? 그리고 어떤 교육을 추구해야 하며, 아이들 앞에서 어떤 교사로 서야 할 것인가? 고민에 고민을 거듭했던 것 같다. 그 고민의 여정 속에서 교육 관련 도서도 많이 읽고 그 대안을 찾아 이것저것 참 많이 접근해 보았다.

학무지경, 학여불급의 삶

그 가운데 익힌 사자성어가 하나 있다. 학무지경(學無止境), 학여불급(學如不及). 배움에는 끝이 없고 학문은 쉬지 않고 노력해도 따라갈 수 없다는 뜻으로, 학문은 잠시라도 게을리해서는 안 된다는 것이다. 교직에서 우리 교사의 마인드도 이러해야 하는 것이 아닌지 되돌아보게 된다. 아이들을 위해, 교육을 위해, 아니 어쩌면 나 자신을 위해서도 끊임없이 고민하고 자문하고 배움을 익혀 나가는 삶이 우리의 아름다운 숙명이 되어야 하지 않을까?

교육의 본질, 그 시작점을 발견하다

교육이란 무엇인가?

교육(教育)이란 무엇인가에 대한 많은 학자의 의견들을 섭렵했다. 그러면서 '그러게 교육대학교 다닐 때 좀 제대로 배우지, 왜 나이 들어 이 고생을 해?'라는 생각이 들었다. 그러던 중 가장 임팩트 있는 교육의 의미를 찾게 되었다. '교육이란 인간 행동의 계획적인 변화'라는 것이다. 대학 때 그렇게 많이 들었던 내용인데, 왜 이제야 눈에 띄는지…….

물론 이것이 광범위하고 무한한 교육의 정의를 다 대변할 수 없고, 이 프레임에 교육을 가둔다는 것도 말이 안 된다. 극히 개인적인 지침으로 삼았을 뿐임을 지면을 빌려 밝힌다.

이런 교육적 정의에 포함된 개념은 다음과 같이 정리할 수 있다.

- 인간 행동(人間行動)

  밖으로 드러나 눈으로 볼 수 있는 소위 외현적 행동뿐만 아니라 지식·사고·태도·성격 특성을 포함한 눈에 보이지 않는 행동, 즉 내현적 행동까지를 아울러 의미한다. 다시 말해 이 행동이란 현대 심리학에서 말하는 인간 행동(behavior)의 뜻으로 볼 수 있다.

- 계획적(計劃的)

  무의도적, 자연적인 것에 비해 의도적임을 가리킨다. 교육은 자연적으로 인간 행동이 변화하기를 기대하는 것이 아니라 적극적으로 일정한 계획에 따라 인간 행동을 변화시키는 과정이라고 할 수 있다. 계획적인 인간 행동의 변화는 분명한 목적의식과 체계적인 활동을 전제로 하는 것이며, 이런 체계적인 모든 활동이 곧 교육인 셈이다.

- 변화(變化)

  인간의 특성을 개조(改造)하고 교육한다는 의미다. 구체적으로 변화란 지식의 증가, 사고의 세련, 태도나 가치관(價値觀)의 변용(變容) 등으로 규정할 수 있다. 교육이란 이런 변화를 일으켜 인간을 형성해 나가는 작업이라고 할 수 있다.

다시 정리하면 이렇다.

교육이란 모종의 맥락이 있을 때 의미를 갖는다. 현대 교육의 선구자로 칭할 수 있는 정범모 교수는 교육이란 '인간 행동의 계획적 변화'

라고 정의한다. 이 정의에는 정범모 교수가 모종의 의미를 전달하려는 의도가 분명히 함의되어 있을 것이며, 교육에 대한 문제의식 또한 들어 있다고 보아야 한다.

그렇다면 정범모 교수의 개념에서 드러난 문제의식은 무엇일까? 이 것은 당시 한국 교육의 무기력함에 대한 상심과 교육을 받은 후에도 학 생에게 전혀 행동의 변화가 일어나지 않았다는 문제의식이다.

그는 이런 문제의식에서 교육의 개념을 규정함으로써 교육이라는 활동이 무기력한 활동이 아니라는 사실을 보여 주려고 했다. 즉, 그는 교육 개념을 명확하게 규정하고 체계적으로 계획한다면 교육은 인간 행동을 강력하게 변화시킬 수 있다고 보았다. 그러나 이런 정범모 교수 의 교육에 대한 정의에 있어 교육이 인간 행동을 '계획적'으로 '변화'시 키기만 하면 교육이라고 할 수 있는가 하는 문제가 제기된다.

예를 들어 IS처럼 과격 무장 단체에서 계획적인 프로그램을 이용해 서 놀라운 테러리스트로 변화시키는 것도 교육이라고 할 수 있을까. 따 라서 바람직하지 않은 인간 행동의 계획적 변화는 '교육'이라고 할 수 없다는 단서 조항 하나를 붙여야 할 것이다.

다음으로 계획에 따라 의도적으로 하는 것만을 교육이라고 할 수 있 느냐 하는 문제다. 그렇다. 인간이라는 존재 자체의 변화는 비의도적인 상황에서도 변화될 수 있는 여지가 있기 때문이다.

이렇듯 계획하지 않은 경우에도 지속적으로 행동 변화가 일어날 수 있으며, 이런 행동 변화도 충분히 교육적인 효과를 가진다면 이 또한 교 육이라고 할 수 있지 않을까 고찰해 볼 필요가 있다.

이런 측면에서 다소 논란의 여지가 있지만, 개인적으로 가장 와닿는 부분은 '변화'였다. 내가 나아가야 할 방향에 대한 신호탄을 정확히 만나는 순간이었다.

만학의 기쁨이 이럴까? 뒤늦은 나이에 깨닫는 것도 나름의 감격이 있었다.

집중과 선택: 초점 싸움

초점 싸움이라는 말이 떠오른다. 초점을 어디에 맞추느냐에 따라 과정이 달라진다는 것이다. 수업에 매진할 것인가? 그럼 수업을 위한 노하우에 집중할 것이다. 원활한 학급 경영에 초점을 맞춘다면 그에 따른 많은 프로그램을 만들게 될 것이다.

그러나 필자는 '변화'에 초점을 맞추기 시작했다. 그 순간 수업은 아이들의 진정한 변화를 위해 필요한 수업이 된다. 게임도 아이들의 변화를 위한 라포르(rapport) 형성과 동기 유발 차원의 게임이 된다. 게임이 주가 되는 것이 아니라는 의미다.

인성 교육도 오로지 아이들의 변화에 초점을 맞추었다. 초점이 무엇이냐에 따라 방법과 과정은 판이하게 달라진다.

나는, 우리는 무엇에 초점을 맞춘 교육을 하고 있을까?

: 03 :

행.복.교.육.론을 만나다

행복교육론

그 와중에 하워드 가드너의 다중 지능 이론에 바탕을 둔 문용린 교수의 『행복교육』(2014)과 그 행복 교육의 파장으로 오연호 기자의 『우리도 행복할 수 있을까』(2014)를 접했다. 오연호 기자의 책은 덴마크 사회와 덴마크 교육의 매력들을 담고 있다. 이것들을 접하면서 확고하게 잡힌 교육의 또 다른 본질은 다름 아닌 '행복'이다.

문용린 교수는 행복교육론에서 이렇게 말한다.

"교육의 본질은 아이를 행복하게 만드는 것이다. 부모는 아이가 행복해지려면 성공해야 한다. '선(先) 성공, 후(後) 행복'을 철석같이 믿고는 현재의 행복은 잠시 보류한 채 힘들더라도 지금은 참고 열심히 공부

해야 한다.”

　이것이 바로 과거부터 지금까지 이어 온 ‘고진감래형’ 교육 방식이다. 하지만 최근 들어 심리학을 비롯한 학계 각 분야에서는 성공한 사람이 행복한 것이 아니라, 행복한 사람이 성공에 이른다는 사실을 연이어 밝혀 냈다. 물질적 풍요나 출세가 행복에 이르는 지름길, 결과물이 아니라 현재 진행형 행복이 오히려 성공을 불러오고 삶을 풍요롭게 한다는 것이다. 이에 우리가 지금까지 추구해 왔던 ‘고진감래형’ 교육 방식인 일명 ‘선 성공, 후 행복’이라는 공식에서 탈피하여, 즉 ‘미래의 행복을 위해 성공을 가르치는 것’이 아니라 ‘현재의 행복을 가르쳐 성공을 불러오는 것’으로 재정립해야 한다고 말한다.

　그렇다. 변화는 변화인데 행복한 변화였다. 그것도 외적인 것만이 아닌 내적인 행복이다. 다시 말해 마음 중심에서 정말 행복한 아이들이 되어야 한다는 것이다. 바로 변화를 통한 행복 말이다. 그 행복을 내가 먼저 꿈꾸기 시작했다.

행복한 교육을 만드는 **교사 마음 처방전**

변화

4부. 배움을 디자인하다

학교 속, 아이들의 사생활을 공개하다(feat. 함백초)

산간벽지 탄광촌, 함백초 아이들과 기막힌 조우

또 한 번의 진통의 시간이 나의 '교직 인생 시즌 2'에 지대한 힘을 실어 주리라 그 누가 예상했을까? 이렇듯 삶이란 '고진감래'라고 고생 끝에, 진통 끝에 낙이 오고 열매는 익게 마련인 것 같다. 물론 고생을, 진통을 어떻게 하느냐에 따라 다르겠지만 말이다. 어쨌든 계속적인 진통으로 아주 조금씩이더라도 성숙해지는 것은 확실하다.

프롤로그에서도 언급했듯이, 2016년에 내 딴에는 〈선생 김봉두〉에 대한 위대한 재현을 꿈꾸며, 영화 촬영지였던 유명한 탄광촌인 정선 함백에 발을 내딛었다. 그렇게 새롭게 만난 6학년 아이들. 탄광 지역이라는 사실이 새삼 의미심장하게 다가오는 대목이 아니었나 싶다.

함백 6학년 꿈둥이들과 첫 만남: 간보기?

2016년 3월 2일 시업식이라는 요식 행사가 끝나고, 드디어 한 해 동안 나에게 맡겨진 우리 반 아이들을 만날 시간이 다가왔다. 나름 긴장도 조금 되었지만 그래도 경력이 몇 년 차인데, 장난기가 발동되었다. 쇼를 좀 해 볼까? 앞문을 열고 들어갈 때 쇼맨십을 발휘해서 "짜잔."이라는 의성어와 함께 두 팔을 벌리며 들어갔다. 당황해 할 줄 알았던 아이들이 "와!"라는 탄성을 질렀다. '아이고 나름 반응을 하네? 그럼 좀 더 강도를 높여 볼까?' "에이, 선생님이 왔는데 이것밖에 환영을 못 해요. 좀 실망스러운데요. 좀 더 열화와 같은 성원을 부탁해요."라며 문을 닫고 나갔다가 긴장되는 마음으로 다시 문을 열며 두 팔을 벌렸다. "와!"라는 환호성과 함께 박수까지 터져 나왔다. 나 역시 속으로 감탄사를 터트리며 '이놈들 보소. 나름 흥이 좀 있네.' 하며 기쁨이 잔잔히 밀려왔다. 만에 하나 "왜 저래?" 하는 반응이라도 나왔다면 참담한 상황이었기에 위험천만한 시도이기는 했다. 그러나 결국은 성공이었다. 아이들 내면의 마음 상태는 이런 것으로도 충분히 유추 가능하다는 점을 잊지 말아야 한다.

우리 반의 새로운 닉네임으로 함백 손오공들 어때?

　이렇듯 나름의 흥을 지닌 우리 아이들을 좀 더 친근하고 특별하게 바라보고자 닉네임을 지어 주기로 했다. 아이들과 대화하던 중 "올해 2016년, 병신년을 맞아······"라고 하자, 한 아이가 "저희, 원숭이띠예요." 하고 말했다. 순간, '원숭이띠? 그럼, 우리 반 닉네임과 캐릭터를 손오공으로 하면 어떨까' 하는 생각이 들었다. 나름의 흥과 각각의 끼, 재주를 지니고 있을 우리 아이들의 진가를 발휘시켜 보자는 취지에서였다. '올 한 해, 너희 안에 잠재된 끼를 마음껏 발휘하고 재주 넘으면서 행복해 하는 함백 6학년 손오공으로 하자.' 그것이 2017년, 2018년에도 함백 손오공들의 모임으로 계속 이어지게 되었다.

함백초 6학년 아이들

다음은 우리 반 아이들에게 붙어 있었던 주홍 글씨다. 한마디로 총체적 난국이었다.

닉네임	심리적 요소	이유
폭탄, 폭군	불만 내재, 분노 조절 장애	언제 터질지 모르는 아이들이다. 조금이라도 지적하면 그대로 감정을 드러내 버린다. 화가 나니까 책상을 뒤엎고 뛰쳐나간 전력이 있는 아이들이다.
멍청이들	학습 및 인지 능력 저하	뭘 해도 제대로 하는 것이 없어서 붙은 별명이다. 가슴 아픈 사실은 이 별명을 다름 아닌 지금까지 맡았던 담임 선생님들이 붙였다는 것이다. 그것을 가슴에 묻고 있는 이 아이들의 아픔을 어떻게 만져 주어야 할까?
스피커, 욕쟁이	정서 불안, 애정 결핍	지겹도록 시끄러운 아이들이다. 말이 무척이나 많고 대부분 목소리가 높다. 게다가 욕을 입에 달고 산다.
울보들의 합창	우울감, 상처	질책만 했다 하면 우는 것이 습관이 된 아이들이다. 소아 우울증 증상까지 보였다.
위기상담반	왕따, 학교 폭력	5학년 때 왕따 문제로 Wee센터 상담까지 받은 요주의 인물이 자리 잡고 있었다.
SNS오지랖	욕설, 사이버 폭력	SNS를 통해 우리 반뿐만 아니라 다른 학교 학생들과 비일비재하게 마찰을 빚는 오지라퍼가 한두 명이 아니었다. 이런 상황에 우리 반 내 단톡방은 오죽하겠는가? 서로 간의 불신과 스트레스가 이만저만한 것이 아니다.

호구 조사? 과거는 묻지 마세요, 오직 here & now!

다중 지능 이론에서는 아이들의 과거를 그렇게 중요하게 생각하지 않는다. 필자의 개인적 성향도 과거 집착형은 아니다. 항상 here & now, 철저히 현재를 지향한다. 그렇기에 아이들을 바라볼 때도 우스갯소리로 호구 조사부터 해서 그 아이의 과거와 내력을 살피는 것을 중요하게 여기지 않는다. 그보다는 차라리, 지금 이 순간에도 아이들 각자 모습에서 발견되는 최고, 최선의 강점이 무엇인지에 집중하는 편이다. 그것이 나름 많이 훈련된 부분인 것 같다. 그것에 집중하기에도 벅찬 시간에 그 아이의 과거를 캐물어 무슨 이득이 있고 도움이 될까? 그렇기에 우리 반 아이들 역시 탄광 지대로 유명했던 지역적 내력 및 사방이 산으로 둘러쌓인 환경적 요소 외에는 별다른 과거와 내력에 신경 쓰지 않고, 첫 시간부터 오로지 아이들의 특징과 장점, 강점을 발견하고자 무던히 애썼던 것 같다.

준비된 자와 준비되지 않은 자의 차이

무엇을 예비하고 준비해서 맞이하는 것과 우발적이고 갑작스럽게 맞이하는 것에서 오는 당혹감은 아마 천지 차이일 듯싶다. 그렇듯 우리 교사는 아이들을 맞을 준비를 하고 만나라는 조언을 듣곤 한다. 그럼 대체 어떤 준비를 해야 할까? 다양하고 많은 콘텐츠를 준비해야 할까? 그것도 틀린 말은 아니다. 그러나 진정한 준비는 기본기라고 생각한다. 아이들을 대할 마음의 준비, 즉 어떤 관점의 교육관을 갖고 어떤 시선과 관점으로 아이들을 바라볼 것인지에 대한 기본기를 갖추고 만나는 것이 중요할 듯싶다.

: 02 :

교육 희망을 보다: 교육열 급상승, 재충전

교육열 급상승

2016년 탄광촌에서 함백의 그 어마어마한 아이들을 만나며 내 눈으로 직접 보고 경험하고, 실제로 맛보기까지 했던 한 가지가 있다. 나만의 착각이 아니라 주변에서도 모두가 인정한 것이다. 바로 '변화'였다. 폭탄, 멍청이, 울보, 위기 상담까지 받은 학교 폭력이 난무한 그 무지막지한 아이들도 변화할 수 있구나 하는 가능성을 발견한 한 해였다고나 할까? 2016년은 그러한 변화의 가능성을 확인한 해였다면, 이어진 2017년은 변화에 정점을 찍은 해였다. 2016년에 이미 아이들의 변화를 감지하고 있었던 학교에서는 2017년에 이어 정선 생활 마지막 해였던 2018년까지 6학년을 맡아 달라고 제의했다. 6학년 담임은 우리 초등 교육계에서는 어느 시점부터 3D 업무가 되어 버렸다. 중2병이 6학년으로 내려온 것이 이미 호랑이 담배 피던 시절로 거슬러 올라갈 정도로 질풍노도와 같은 아이들의 심리적 격랑기가 벌써 하향 곡선을 타기 시작한지 오래다. 그러다 보니 될 수 있으면 기피하게 되는 6학년 담임. 그러나 마다하지 않았다. 새로운 도전 정신, 연구열이 불타기 시작했다. 그래, 2016년에 직접 보고 경험했던 아이들의 변화다. 그것은 허상이 아니라 실제이자 실상임을 아예 굳히고 싶은 욕구가 생겼다고나 할까? 그러한 나의 예상은 빗나가지 않았다. 교육은 변화다. 외적인 면뿐만이 아닌 궁극적으로는 내적인 변화와 그 변화는 행복해야 한다는 나름의 교육에 대한 정의가 아주 확고해지는 3년이 아니었나 싶다. 그리고 어떻게 보면 이곳 함백에서 생활은 지금껏 6여 년을 연구하고 실천해 왔던 다중 지능 이론을 더더욱 심도 깊게, 그리고 자유자재로 활용하고 운영하는 계기가 되었던 또 다른 의미의 3여 년 생활이 아니었나 싶다.

: 03 :

[교사의 회복탄력성 프로젝트 01]

교육은 부드러움이다

꽃으로도 때리지 마라: 말투, 억양, 톤 자체부터 부드럽게

말투 자체의 부드러움을 넘어 질책까지도 부드럽게 말하는 모습을 보여 주었다. 화를 내야 할 일에서도 아이들에게 격정적인 모습을 지금 껏 보여 준 적이 없다. 당연히 훈화와 지적도 부드럽게 한다. 아이들이 당황할 정도도. 그 대신에 기분 좋을 때 한 번 보여 주는 부드러움이 아니라, 변함없이 끝까지 보여 주는 '부드러움의 교육'에 대한 실천이 중요하다.

그것이 특별히 우리 아이들에게는 "먹혔다." 왜? 아이들은 어른, 특히 교사에게 막연한 두려움이 있다. 어른들은(교사들은) 항상 자신들에게 공격적인 모습을 보여 주었고, 질책과 질타만 일삼는 꼰대로 자리 잡고 있었기 때문이다. 그래서 올해 담임 선생님도 그러한 존재겠거니 하는 생각과 함께 엎친 데 덮친 격으로 첫인상부터 만만찮게 생긴 것에 나름 우울했을지도 모른다. 그런데 잠시 후 아이들의 생각이 급작스럽게 바뀌었다. 아이들의 표현을 빌리면, "화사한 봄날이 찾아왔다." 화사하고 우아한 말투, 아주 부드럽고 조용한 말투로 지적하는 그는 착하게 생겨서인지 교육계의 송중기, 일명 장중기가 되었다.

지나간 버스에 대고 손 흔드는 격 되지 않기: 변화는 나부터

많은 교사가 반에서 문제 아동들을 힘들어 한다. 당연하다. 힘들지 않다면 거짓말이다. 왜 힘들까? 그 아이들이 변화되지 않기 때문이다. 그럼 왜 변화되지 않을까? 많은 교사가 그 변화되지 않는 이유를 당연히 아이들에게서 찾기 때문이다. 나는 다소 엉뚱한 소리를 하고 싶다. 아이들이 변화되지 않은 것은 교사인 내가 변화되지 않았기 때문이라고 말이다.

무슨 말인가? 그 말썽꾸러기 아이의 잘못을 보았을 때 자신의 말투라든가, 감정 변화라든가, 특히 자신의 말투와 억양을 한번 분석해 보자. 혹시 짜증과 분냄과 격정적인 감정이 포함되어 있지는 않았는가? 그렇다면 이미 그 아이에게 진 것이다. 아이는 이미 모든 것을 본능적으로 간파하고 분석한다.

한마디로 이렇다. "나를 지금 혼내고 있구나. 그것도 성질내면서…….", "나를 미워하는구나.", "나를 무시하는구나."

이것이 왜 엄청난 문제일까? 초반부터 그렇다면 아이와의 신뢰, 일명 라포르 형성에서 치명타가 되기 때문이다. 즉, 관계가 깨져 버리면 그다음부터는 걷잡을 수 없는 악화 일로로 뻗어 나간다. '아, 큰일났네. 이런 식으로 하면 안 되겠구나?'라고 생각할 때는 이미 지나간 버스에 대고 손을 흔드는 격이다. 그야말로 물 건너간 상황이 되어 버린다. 그것을 돌이키는 데 교사들의 에너지는 두 배, 세 배, 아니 열 배나 더 요구된다.

그러한 뒤늦은 후회와 만회를 위한 노력보다 애초부터 신뢰를 보여 주고 온전한 라포르 형성을 위한 부드러움의 교육을 위해 노력하는 것이 더 낫지 않을까?

부드러움의 교육이란 평정심

그 부드러움이란 들릴 듯 말 듯 아주 조용히 말하는 외형이 아니다. 어떤 상황에서도 격앙된 억양 없이 사적인 감정을 배제한 차분한 말투를 말한다. 그렇다고 아주 무미건조하고 냉랭한 말투를 말하는 것도 아니다. 차분하고 조용한 듯하지만 어떤 상황에서도 사랑이 배어 있는 말투를 말한다. 이것은 해 본 사람만 안다. 〈쿵푸팬더〉의 시푸 사부가 보여 주는 '평점심'이라고나 할까? 그것을 아이들은 바로 알아차린다. 웃픈 현실이지만 지금껏 이런 교사를 본 적이 없기 때문이다. 언제나 화를 내는 교사라든지, 무미건조하고 매몰차게 짧게 말하는 교사라든지, 이 둘을 모두 지닌 교사만 만났던 아이들에게 이런 평점심을 보여 주는 교사는 연구 대상감이었던 것 같다.

아이들을 위해서라면

특히 이 부드러움의 교육과 관련해서 말하고 싶은 부분이 있다. 젊은 교사나 아주 성격이 밝은 교사라면 이런 측면이 상당히 부담될 수 있다. 교사도 인간이기 때문이다. 그냥 있는 모습 그대로 하면 되지 없는 모습까지 갖추며 힘들게 할 필요가 있냐는 지론이다. 틀린 말은 아니다. 그러나 계속 언급할 예정이지만, 정말 좋은 교육을 위해서라면 우리 교사들도 끊임없이 변화되어야 한다는 것이다. 자신의 모습 그대로가 나쁘다는 것은 아니다. 그러나 그것이 아이들에게 악영향을 준다면 과감히 버려야 하지 않을까?

교육은 모델링이다. 아이들은 어떤 교사를 만나느냐에 따라 확연히 달라진다. 24시간 중 무려 6~8시간을 교사와 한 공간에서 모든 것을 공유한다. 그런데 교사가 우울하다면 아이들도 축 처질 수밖에 없다. 교사가 조울증이라면 이것은 뭐 최악이다. 변화의 쌍곡선 속에서 롤러코스터를 타는 가운데 아이들조차 정신이 하나도 없게 되는 것이다. 그런데도 교사가 "난 소중하니까."를 외친다면 그것이 더 직무 유기가 아닐까?

부드러움의 교육이란 친절과 단호함의 온전한 조화다

아까 하던 이야기로 돌아와서, 자신을 소중하게 여기는 성격과 관점을 가진 교사가 나중에 더 많은 고민을 털어놓는다. 아이들이 너무 예의가 없다느니, 말을 듣지 않는다느니, 생활 지도가 되지 않는다고 말이다. 그러나 이 모든 것을 스스로가 만들었음을 알까? 친구 같은 교사라는 미명하에 말의 권위를 나타내는 모습을 보여 준 적이 없다는 사실을 망각하고 있다. 아이들을 혼내고 무섭게 대하라는 말이 아니다. 평정심 가운데 차분함과 부드러움의 내공을 지닌 채 권위를 내세워야 할 때는 단호하게 보여 주는 일관성이 있어야 한다. 다시 말해 친절과 단호함의 균형이 잡힌 모습 속에서 아이들은 일관성 있는 교사의 차분함과 침착함에 도리어 압도된다. 그것에 대해서는 『학급긍정훈육법』(제인 넬슨 외, 2014)이 조금은 도움이 될 수 있다(물론 필자는 책이 아니라 스스로의 교육적 고민과 자발적인 훈련으로 얻은 결과다).

이런 모습이 아이들에게 각인되는 순간 교사는 일명 '선점'을 하게 되는 것이다. 친구 같은 교사, 편한 교사도 물론 좋다. 필자도 바라는 바다. 그러나 어떤 상황에서도 침착하고 차분하며 무미건조하지만 지속적인 관심과 사랑이 깃든 이 부드러움의 교육적 모습과 자세로 교육적 권위부터 선점하는 것이 학기 초 교사에게 가장 중요한 과업이 아닐까 싶다.

부드러운 말투가 도리어 더 위력적이다(외유내강, 아우라)

　침착하고 차분한 말투로 지적하고 훈육하는 내 모습을 본 한 아이가 이렇게 고백했다. "선생님께서는 조용히 말씀하시는데도 도리어 무섭게 느껴져요. 말에 아우라가 있는 것 같아요" 그렇다. 조용하지만 힘있는 말투, 그것이 부드러움 교육의 결정체라는 확신이 든다.

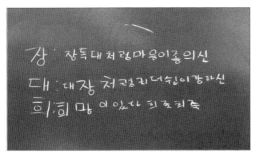

장대희 삼행시

[교사의 회복탄력성 프로젝트 02]

교육은 함께다

복도에서는 질서와 예절도 함께

복도가 좁다. 그런데도 무척이나 잘 뛰고 시끄럽게 떠들어 다른 반에 악영향을 주는 우리 반 악동들이다. 그에 따른 질서 훈련조차 되어 있지 않았다. 그 습관을 고쳐 주려고 지적하고 지시하고 가르쳤을까? 아니다. 그렇게 하지 않았다. 어느 날 아이들을 아무런 설명 없이 복도로 불러냈다. 아이들은 어안이 벙벙한 얼굴이었다. 나는 말 없이 퍼포먼스를 펼친다. "함께" 줄을 선다. "함께" 뒷짐을 진다. "함께" 조용히 우측 통행을 하며 "함께" 이동해 본다. 그리고 조선 시대 '암행어사출두요'를 외친 관원을 패러디한다. "뒷짐 지고 우~~측 통해~~~엥" 또한 번 외치며 따라 하게 한다. "복도에서는 사뿐사뿐~~" 그리고 그 퍼

복도 통행 훈련

포먼스를 모두 끝내고 교실에서 몇 가지를 설명해 주었다. 복도에서 뛰면 어떤 사고가 일어나는지 지적하는 말투가 아닌 구체적 설명을 해 준다. 어깻죽지를 펴는 뒷짐 자세가 건강에 얼마나 좋은지까지 곁들여 설명해 준다.

물론 한 번으로 끝나지 않는다. 한 달 이상을 함께했다. 이제는 내가 뒷짐을 지지 않으면 "어허, 뒷짐 지는 것이 건강에 무척이나 좋은데. 자, 어깨 펴시고요." 하고 말한다. 그 순간 아이들의 복도 예절에 곧바로 변화가 생기게 된다. 지금까지 한 습관의 놀라운 능력이 이때 발휘되는 것이다. 이런 질서 의식 및 자세 교정을 하기까지 교사는 얼마나 많은 반복과 노력을 기울여야 하겠는가? 계속 반복이고 훈련이다. 그리고 인내다.

점심시간뿐만 아니라 뭐든지 함께

아이들만 급식소로 보낸 적이 단 한 번도 없다. 물론 다른 교사들도 마찬가지일 것이다. 그러나 아이들만 따로 보내는 교사도 더러 있는데, 그것은 아니라고 본다. 이런 사소한 것조차도 아이들과 함께한다. 더불어 급식소는 계속적인 대화와 상담을 통해 살아 있는 밥상머리 교육이 실천되는 장소이기도 하다. 그뿐만 아니라 체육 시간 체육관으로 이동할 때도, 피구나 티볼을 할 때도, 그리고 텃밭에서 풀을 뽑을 때도 늘 뭐든지 함께한다. "함께"가 아이들을 변화시키는 능력의 한 일부분이다. 어쩌면 가장 큰 능력 중 하나임을 믿기 때문이다.

작업도 함께

: 05 :

[교사의 회복탄력성 프로젝트 03]

교육은 칭찬이다

다중 지능 이론에 근거한 관점

하워드 가드너의 다중 지능 이론에서 가장 공감하는 한 가지는 사람은 저마다 각자의 강점, 장점을 꼭 지니고 있다는 것이다. 그렇다면 정선 함백 탄광촌에 사는 우리 아이들이라고 장점이 없겠는가? 있고도 남는다. 보지 않으려 하고 볼 수 없어서 그렇지 보려고 마음만 먹으면 우리 아이들에게 내재된 강점을 수없이 볼 수 있다.

이렇듯 다중 지능 이론의 최대 매력은 그러한 본질에 입각해서 그 아이만이 지닌 장점을 찾기 위해 부단히 노력하게 만든다는 것이다. 다른 교사들은 이미 알고 있고 실천까지 하고 있는 분야겠지만, 나는 뒤늦게 깨닫게 된 참 신선한 측면이었다. 이론을 알고 모르고를 떠나 어쩌면 교사들이 가장 기본적으로 지니고 가야 하는 측면이 아닐까 하고 강하게 생각해 본다. 칭찬은 고래도 춤추게 하는 능력이 있다고 하지 않는가?

교사의 눈은 매의 눈이다(초감각, 초예민)

아이들의 강점을 발견하는 데 교사에게 가장 필요한 것은 무엇일까? 뭐니 뭐니 해도 그러한 강점을 보고자 하는 마인드는 물론, 실제로 볼 수 있는 예리한 눈과 관점도 필요할 듯싶다. 그리고 순발력도 필요하다. 발견하는 즉시 그 자리에서 칭찬해야 한다. 절대 과장해서는 안 되며, 형식적인 것이 아닌 진정성을 듬뿍 담은 칭찬을 해야 한다. 이것은 우리가 잘 알고 있는 피그말리온 효과의 한 단면이기도 하고, 긍정적 암시 효과의 측면이기도 할 것이다. 더불어 이 칭찬 교육은 다른 측면에서 본다면 근래 각광받고 있는 '넛지(nudge)', 교육적 넛지 효과로도 연결되지 않겠나 싶다.

넛지

2017년 노벨경제학상 수상자인 미국 시카고대학의 행동 경제학자 리처드 세일러와 법률가 캐스 선스타인이 만든 용어다. '타인의 선택을 유도하는 부드러운 개입'이란 의미다. 금지와 명령이 아닌 팔꿈치로 옆

암스테르담 소변기

나이키 쓰레기통

핀란드 피아노 건반 계단

구리를 툭 치는 듯한 부드러운 권유로 타인의 바른 선택을 돕는 것이다. 더 나은 선택을 하도록 유도하지만 유연하고 비강제적으로 접근하여 선택의 자유를 침해하지 않는다는 '자유주의적 개입주의'에 바탕을 두고 있다.

칭찬은 구체적이며 즉각적으로

가장 기억에 남는 아이가 있다. 2016년 6학년이었던 ○○이다. 혀가 짧아 말이 약간 어눌했다. 학업에서도 성취력이 높지 않은 아이였다. 악수 인사를 하니 아니나 다를까 많이 머뭇거렸다. 교사에 대한 경계인 것이다. 그것은 곧 칭찬보다는 지적을 많이 받았을 가능성이 높다는 의미이기도 하다. 그래서 더 마음이 쓰였던 아이다. 그러던 중 체육 시간에 피구를 하게 되었는데, 그 시간만큼은 참 활동적이고 적극적으로 동참했다.

다중 지능 이론 측면에서 보면, 언어 지능은 부족해도 신체 운동 지능은 무척이나 뛰어난 아이였다. 강점이 이쪽인 것이다. 그것을 알아차린 뒤로 나는 호시탐탐 기회를 노렸다. 칭찬을 건넬 시기와 시점을 말이다. 어렵지 않게 찾아왔다. 피구를 할 때 자신에게 넘겨진 공을 잡고 던지는데 보는 나도 놀랐다. 무슨 피구왕 통키인 줄 알았다. 직구로 그대로 날아가 꽂히는 느낌인데 파워가 장난이 아니었다. 머뭇거릴 이유가 없었다. 곧바로 칭찬을 날렸다. "와! ○○이는 야구 선수해도 되겠네요. 어깨 힘이 어쩌면 그렇게 좋아요. 저보다도 더 잘 던지는 것 같아요." 칭찬이 어색한지 뻘쭘해 하다가 갑자기 한마디 했다. "배드민턴 레슨을 받아서 그런가 봐요. 코치님도 제가 어깨가 좋대요." 내 말에 반응을 한 것이다. 내 말을 상당히 긍정적으로 느꼈다는 표징이기도 했다. 이렇듯 별것 아니지만 강점 자체를 부각시키는 노력이 우리 교사들에게 필요하다고 생각한다.

단계적으로 계속적인 향상을 촉구하는 칭찬

다음으로 ○○이다. 이 아이는 무슨 말을 할 때마다 평상적이고 평온하게 해도 되는데 꼭 고음으로 다소 시끄럽게 했다. 처음에는 단순히 부드러움의 교육 차원에서 차분하게 짚어 주기만 했다. "에고, ○○이 목소리가 무척 크네요. 조금만 낮추어 주셨으면 좋겠어요. 굳이 그렇게 크게 말하지 않아도 친구들이나 저나 잘 들을 수 있어요. 그럼 부탁드려요."라고 말이다. 그러나 잘 고쳐지지 않았다. 거기에서 순간 그 아이의 내면 하나가 그려졌다. 가정에서 부모가 의견을 잘 들어 주지 않는 듯싶었다. 자신의 의견이 다소 무시되는 경향이 있는 듯했다. 그것은 비단 가정만이 아니라 학교에서 친구들과의 관계에서도 그렇겠구나 하는 생각이 들었다. 나중에 안 사실이지만 내 생각은 적중했다. 그러다 보니 점점 더 소리 높여서 의견을 어필하려는 본능으로 나타나게 된 것이다. 그러한 아이에게 지적만 한다고 고쳐질까? 그렇지 않다. 도리어 긍정적인 암시 효과가 필요했다. 그리고 더더욱 강력한 동기 유발을 시켜 주는 것이 필요했다. "와, ○○이의 하이톤 목소리가 오늘따라 유난히 작아진 듯하네요. 요즘 들어 점점 더 낮아지고 있어요. 선생님 의견에 귀기울여 준 것 같아 너무 기뻐요. 그러한 습관을 고치려는 의지를 엄청나게 발휘하고 있는 것이 보이네요."라는 칭찬과 함께 우리 반에서 정해놓은 칭찬 박수 세 번을 동시에 선사했다. "우리 ○○이에게 칭찬 박수세 번 시작!" 변화에 대한 응원까지 보내 주는 것이다.

되다 안 되다를 반복하던 문제를 아주 확실히 해결하는 임팩트 강한 칭찬

이외에도 산만한 아이인 ○○이가 있었다. "여러분, 보셨습니까? 지금 ○○이가 산만한 자신의 손과 발을 제어했네요. 상상을 초월하는 일입니다. 5학년 때까지 습관으로 자리 잡은 자신의 모습을 변화시키는 저 노력, 체질 개선의 의지, 정말 대단하지 않나요? 우리 격려의 박수 일곱 번 시작!" 등 이루 말할 수 없을 정도로 숱하게 칭찬 메시지를 전달했다. 칭찬과 격려는 진정성을 담아 할 때 확실히, 가열차게 해야 한다는 것이 내 지론이다. 역시나 적중했다. 피그말리온 효과가 나타나는 것이다. 칭찬한 대로 움직이기 시작했다. 감사했다.

디테일한 부분도 지켜보고 있다는 차원의 세심한 칭찬

다음은 서커스 교육을 할 때 저글링이 잘 되지 않던 ○○이다. "저 솔직히 눈물이 날 뻔했어요. ○○이가 저글링을 완성하려고 뜻대로 움직이지 않는 자신의 손목을 부여잡고 혼자 연습하던 모습은 감격 그 자체였습니다." 교사의 감정을 여과 없이 솔직히 고백하는 것도 필요한 칭찬 방법인 것 같다. 내 전인격을 담은 진정 어린 칭찬의 말이다.

우리 반이 나아가야 할 지향점을 바라보고
그것을 기대하는 목표 지향적 칭찬

　우리 아이들을 향한 나의 관점을 고백한 적이 있다. "여러분은 선생님에게는 보석이에요. 다만 너무나 두꺼운 껍질에 쌓여 꽁꽁 숨겨져 있었지요. 그러나 저는 보았습니다. 여러분은 엄청난 잠재력을 소유한 숨겨진 보석이라는 것을 말이지요. 그러니 여러분 스스로 자부심을 가지세요. 더 이상 움츠리지 마세요. 이제는 마음껏 나래를 펴세요. 그러한 여러분을 응원합니다. 그리고 함께하겠습니다." 한 아이가 아니라 반 전체를 향한 칭찬 메시지였다. 그럴 때 아이들은 모두 어느 순간 자신들은 숨겨진 보석이라는 자부심과 자긍심을 갖게 된다. 그도 그럴 것이 이미 부드러움의 교육으로, 함께하는 놀이 교육으로, 뭐든지 함께하는 공감대 형성으로 교사인 나의 교육적 카리스마(권위)가 정립된 시점이기에 내가 하는 칭찬은 상당히 만족도가 높은 것이다. 그 칭찬이 무척이나 신뢰성 있고, 신빙성 있음을 말해 주는 것이다.

의미 찾기 프로젝트

　오늘날의 사회는 타인이나 전체적인 주변 상황을 파악하여 서로 배려하기보다는 극단 이기주의가 팽배하여 점점 이타성이 메말라 가고 있지 않나 싶다. 그러한 가운데 상대방을 향한 칭찬은 단순하게 볼 만한 문제가 아니다. 자신뿐만 아니라 상대방의 작은 변화라든지 미묘한 상황을 아주 민감해야 발견할 수 있는 상당히 인격적인 영역이다. 그러한 인격성을 향상시키려면 교사만 하는 것이 아니라 아이들도 함께할 수 있도록 훈련시켜 주어야 한다. 그래서 프로젝트를 하나 만들었다. 일명 '의미 찾기 프로젝트다.' 이것은 하루를 마무리하는 종례 시간에 오늘 하루 중 친구들에게, 그리고 우리 반 상황 속에서 일어난 '나름의 의미'를 찾아 발표하는 프로젝트라고 할 수 있다.

> "전에 □□이는 주로 강압적이고 떼를 쓰는 스타일이었는데, 이번 체육 시간에는 축구를 하자는 의견을 아주 논리적으로 잘 설득한 것이 의미 있다고 생각합니다."
>
> "전에는 잘 안 되면 무조건 포기부터 했던 □□이었는데, 이번 저글링 연습에서는 포기하지 않고 계속 시도하고 있다는 것이 참 의미 있다고 생각합니다."
>
> "드디어 우리 반 모두가 8시 35분까지 등교해서 다 같이 함께 아침 활동을 했다는 것이 의미 있다고 생각합니다."
>
> "□□이가 쉬고 뛰고를 반복하지 않고, 두 바퀴를 쉼 없이 끝까지 뛴 것이 의미 있다고 생각합니다."
>
> "작년에는 거의 발표를 하지 않던 □□이가 발표를 하려고 시도하는 것 자체가 의미 있다고 생각합니다."
>
> "화가 나면 곧바로 티를 내던 □□이가 이제는 '괜찮아'라고 말하는 것이 의미 있다고 생각합니다."

"6학년 때 최고의 선생님을 만났다는 것이 의미 있다고 생각합니다. 그분은 장대희 선생님이십니다."

단순한 칭찬, 격려이지만 도리어 그 어떤 목표보다도 더 강력한 목표가 되어 아이들 심장에 박혔다는 사실을 잊지 말아야 할 것이다.

피그말리온 효과란

로젠탈 효과, 자성적 예언, 자기 충족적 예언이라고도 한다. 그리스 로마 신화에 나오는 조각가 피그말리온의 이름에서 유래한 심리학 용어다. 조각가였던 피그말리온은 아름다운 여인상을 조각했는데 그 여인상을 진심으로 사랑하게 된다. 여신(女神) 아프로디테(그리스 로마 신화의 비너스)는 그의 사랑에 감동하여 여인상에 생명을 주었다. 이처럼 타인의 기대나 관심으로 능률이 오르거나 결과가 좋아지는 현상을 피그말리온 효과(pygmalion effect)라고 한다.

심리학에서는 타인이 나를 존중하고 나에게 기대하는 것이 있으면 기대에 부응하는 쪽으로 변하려고 노력하여 그렇게 된다는 것을 의미한다. 특히 교육심리학에서는 교사의 관심이 학생에게 긍정적인 영향을 미치는 심리적 요인이 된다고 말한다.

1968년 하버드대학교 사회심리학과 교수인 로버트 로젠탈(Robert Rosenthal)과 미국에서 20년 이상 초등학교 교장을 지낸 레노어 제이콥슨

(Lenore Jacobson)은 미국 샌프란시스코의 한 초등학교에서 전교생을 대상으로 지능 검사를 한 후 결과와 상관없이 무작위로 한 반에서 20% 정도의 학생을 뽑았다. 그 학생들의 명단을 교사에게 건네면서 '지적 능력이나 학업 성취의 향상 가능성이 높은 학생들'이라고 믿게 했다.

8개월 후 이전과 같은 지능 검사를 다시 실시했는데, 그 결과 명단에 속한 학생들은 다른 학생들보다 평균 점수가 높게 나왔다. 그뿐만 아니라 학업 성적도 크게 향상되었다. 명단에 오른 학생들에 대한 교사의 기대와 격려가 중요한 요인이었다.

이 연구 결과는 교사가 학생에게 거는 기대가 실제로 학생의 성적 향상에 효과를 미친다는 것을 입증한다. 물론 여기에는 단서 조항이 있다. 교사와 학생 간의 긍정적인 라포르 형성이 가능할 때만 효과가 있다는 점이다.

피그말리온 효과 – 부메랑

그러한 칭찬과 의미에 대한 규정이 나중에는 실제적인 삶의 변화로 되돌아오는 것을 숱하게 목도했다. 라포르 형성이 전제된 피그말리온 효과는 참으로 강력한 교육 방법 중 하나임에 분명하다.

낙인 이론과 스티그마 효과

이토록 중요하고 무척이나 긍정적인 효과를 발휘하는 칭찬과 정반
대 개념인 낙인 이론도 생각해 보지 않을 수 없다. 어쩌면 많은 교사가
이 낙인 이론에 스스로 빠져 있을 수 있기 때문이다. 쉽게 말해 낙인 이
론은 '너는 원래 그러한 아이야'라고 아예 '찍어 버리는 편견'이라고 보
면 된다. 이 폐단 역시 무척이나 무섭고 강력하다.

낙인 이론(烙印理論, labeling theory)은 일탈 행동에 관한 이론으로, 1960
년대 시카고 학파에 속한 하워드 베커(Howard S. Becker)가 제창했다. 일탈
행동을 단순한 사회 병리 현상으로 다루어 온 방식과 명백하게 구별하
여 일탈은 행위자의 내적 특성이 아니라, 주위의 낙인에 따라 만들어진
다고 보는 이론이다(『상담학 사전』, 학지사, 2016). 이런 낙인 이론의 다른 이
름으로 스티그마 효과(stigma effect)가 있다. 부정적으로 낙인 찍히면 실제
로 그 대상은 점점 더 그러한 나쁜 행태를 보이고, 또한 대상에 대한 부
정적 인식이 지속되는 현상이다. '스티그마'는 빨갛게 달군 인두를 가
축의 몸에 찍어 소유권을 표시하는 낙인을 가리킨다. 그래서 스티그마
효과를 '낙인 효과'라고도 하는 것이다. 그것을 제창한 하워드 베커의
주장에 따르면, 한 번 범죄를 저지른 사람에게 범죄자라는 낙인을 찍으
면 결국 다시 범죄를 저질러 교도소에 들어갈 가능성이 농후하다는 것
이다. 사회가 자신을 그렇게 낙인 찍었다는 생각에 그 낙인대로 행동하
게 되는 심리적 현상 때문이다. 이런 낙인 이론은 교도소만이 아니라 구
직 활동에도 적용할 수 있다. 기업에서 어떤 인재를 찾는 데 똑같은 조

건을 지닌 두 응시자가 있을 때, 취업 경력이 없는 응시자에게 결격 사유가 있다고 판단하는 경우가 있다. 단순히 경험이 부족하다는 판단이 아니라 말 그대로 '알 수 없는 결격 사유가 있다'고 오판하는 것이다. 이런 경험이 누적되다 보면 결국 응시자는 구직 활동에 점점 소극적일 수밖에 없게 된다. 스티그마 효과는 청소년기 비행에서 절대 간과할 수 없는 이유가 되기도 한다. 범죄를 저지른 청소년은 소년원에서 죗값을 받고 다시 사회에 나가 열심히 살고자 애쓰지만, 빨간 줄이 그어진 전과자라는 딱지가 평생 따라붙는다. 주변에서 보내는 경멸적인 시선과 불안한 시선을 받으며 범죄를 저질렀던 청소년은 결국 자신의 신의를 저버리고 사람들의 기대에 맞는 범죄자가 되어 버리는 것이다. 비행 청소년이라는 낙인이 그 아이의 평생을 망칠 수도 있다는 것을 생각해야 한다.

신창원이라는 범죄자를 기억할 것이다. 그가 한 말은 교사들에게 큰 파장을 던졌다. "5학년 때 선생님이 '새끼야, 돈 안 가져왔는데 뭐하러 학교에 와. 빨리 꺼져.' 하고 소리쳤는데 그때부터 마음속에 악마가 생겼다." 나는 어떤 교사가 될 것인가? 기대감을 불어넣고 믿음을 주는 교사가 될 것인가? 아니면 지적을 남발하며 낙인과 스티그마만 남기는 교사가 될 것인가?

선택은 철저히 교사들 각자에게 달려 있다.

: 06 :

[교사의 회복탄력성 프로젝트 04]

교육은 지속성이다

끝까지, 지속적인 모습에 아이들은 감동한다

아이들의 독감 사태와 육상 대회 준비, 비 오는 며칠을 제외하고는 아침 활동을 결코 쉬어 본 적이 없다. 교실에서 '부드러움의 교육'을 하고, 칭찬을 퍼붓고, 잘못한 아이에게 부드럽게 질책을 하고, 아이들과 무엇이든지 "함께"하는 모습. 다 좋다. 여기서 꼭 짚고 넘어가야 할 것이 하나 있다. 관건은 끝까지 하는 것이다. 즉, 지속성의 문제다.

무슨 말인가? 단발적인 칭찬과 가끔 있는 부드러움의 교육은 오히려 아이들의 실망감만 키운다. 아이들을 우습게 보지 말아야 한다. 충분히 사고할 줄 알고 마음에 담아 둘 줄 아는 아이들이다. 그러한 그들을 실망시키는 것이 바로 일회성, 단발성이 아닐까 싶다. 지속성이 결여된

감동의 선물

학급 활동, 교육은 어떤 결말일까. 당연히 성공적인 학급 경영을 기대할
수 없게 될 것이다.

　그러한 지속성에서 실패한다는 것은 아홉 가지를 잘해 주다 마지막
한 가지에서 버럭 화를 내는 성격 급한 아빠와 같다고 할 수 있다. 그 때
문에 아이의 인심, 즉 아빠에 대한 신뢰는 일순간에 무너진다. 한 가지
를 못함으로써 지금까지 잘해 준 아홉 가지가 모두 상쇄되는, 즉 물거품
이 되어 버리는 처참한 현상과 다를 바 없다고 보아야 할 것이다. 지속
성은 그만큼 중요한 요소다.

: 07 :

[교사의 회복탄력성 프로젝트 05]

교육은 인내다

아침 활동, 아침 달리기

운동장이든 체육관이든 나가서 아침 활동을 하려고 이것저것 준비
하다 보면 최소한 8시 35분까지는 등교해야 활동이 원활할 것 같았다.
그래서 아이들에게 아침 8시 35분까지 등교하자고 제안했다. 그것은 곧
제안한 사람인 교사도 당연히 시간을 지켜야 하는 부담감이 크다는 말
이다. 예상은 했지만 역시나 그 과정이 쉽지 않았다. 훈련이 되지 않은
아이들에게 이른 시간에 등교하는 것만큼 고역은 없다. 게다가 9시 등
교제가 활성화된 판국에 8시 30분이면 거의 학대 수준일 수 있다. 그렇
다고 강요하거나 포기할 수는 없었다. 될 때까지 인내하며 한 걸음씩 내
딛기 시작했다. 나 역시도 9시에 출근해서 준비하고 9시 10분부터 바

로 수업을 시작하면 굉장히 수월하다. 월급을 더 주는 것도 아니고 굳이 30~40분 일찍 시작한다고 뭐가 달라질까? 뭘 그렇게까지 수고스럽게 사나 하는 회의도 없지 않았다. 그러나 특별히 다중 지능 이론에서 신체 운동 지능에 근거한 '0교시 체육이라는 아침 활동'의 연구 결과와 효과를 믿기에 아이들에게 조금이라도 교육적 혜택을 주려는 마음에 시작한 것이다.

　내가 조금 수고스럽더라도, 아이들이 초기에 조금은 힘들어 하더라도 정착시키겠다는 결심은 변함이 없었다. 이것은 2개월간 지속되었다. 그 기간 동안 변함없는 인내와 안정감으로 끝까지 기다려 주었다. 지금은 나보다도 먼저 와서 아침 활동에 대한 기대감으로 준비를 한다. 그것이 바로 인내의 교육이다. 마찬가지로 아이들을 향한 변화에 대한 기대에도 꼭 존재해야 하는 것이 바로 '인내'다.

인내의 결과물 #1: 산만함이 사라지다

　○○이라는 아이의 가장 결정적인 문제는 다름 아닌 산만함이다. 집중력이 1분을 넘기지 못할 정도다. 계속해서 손과 손을 맞잡은 채 주물럭댄다든지, 손으로 책상을 말타기 하듯 두드려 댔다. 아니면 손으로 머리를 쓰다듬었다 얼굴을 쓰다듬었다 계속 움직였다. 그것도 잠시, 그 다음에는 고개를 돌려 주변을 획획 둘러본다. 그 어수선한 손버릇을 고치기까지 계속해서 훈화와 칭찬을 했다. 그래도 안 되면 그 아이 뒤에

서서 어깨를 잡아 주거나 주물러 주거나 손을 한 번 터치해서 알려 주었다. 그것을 한 달 동안 지속했다. 교육이 효과를 보일 때까지 여러 차례 반복했다. 2분간 집중하다 안 되고, 그러다 어느 날은 5분간 지속되었다. 그 가운데 어수선한 손버릇 횟수가 열 번에서 일곱 번, 네 번까지 줄어들 때의 그 감격이란……

그렇게 될 때까지 함께 인내하고 잡아 주고 기다려 주는 교육. 그렇다고 완벽해졌다고는 할 수 없다. 그러나 감사하게도 이제는 자신의 문제점을 안다는 것이다. 자신의 문제점이 드러나는 순간 "아, 또 했네?"라는 탄식과 함께 무의식적으로 "죄송합니다. 고치겠습니다."라는 반응을 보인다. 이 얼마나 놀라운 발전인가?

인내의 결과물 #2: 고음 샤우팅이 줄어들다

무슨 말을 하든 고음, 샤우팅 창법으로 말하는 아이가 있었다. 그 아이의 하이톤이 중저음 바리톤이 되기까지 4개월 정도 걸렸다. 즉, 1학기가 마무리되어 가는 시점에서야 안정기를 찾았다. 그 기간 내내 계속적인 부드러움의 교육과 함께했다. 더불어 단호함과 칭찬의 조화로운 교육도 실시했다. 기다려 주고 참아 주는 지속성과 인내 가운데 아이도 스스로 고백한다. "제 목소리가 또 높았죠. 낮추겠습니다." 너무나 다행이고 감사한 것은 스스로 자각하는 수준이 되었고, 스스로 고쳐야겠다는 마음을 먹기 시작했다는 것이다.

그것이 가장 큰 성과가 아닌가 싶다.

인내의 결과물 #3: 애기짓이 사라지다

애기짓을 하는 아이가 있었다. 말투도 그렇고 몸짓도 마치 유치원생처럼 하는 아이였다. 그 아이도 사실 심리학적 분석을 해 보면 결여점이 없지 않았다. 이 아이가 왜 이럴까, 도대체 왜 이러지 하며 한참을 고민하던 중 요즘은 개인 정보 보호 차원에서 하지 않는 호구 조사를 하기로 했다. 형제 관계를 물어보는 순간 그 매듭의 한 고리를 찾을 수 있었다. 형제가 무려 5명으로 이 아이는 그 중간에 끼어 있었다. 나름 나이 차이가 있는 다 큰 고등학생 언니 쪽에 낄 수도 없고 3~4살 되는 아주 어린 동생 쪽에 낄 수도 없는 참으로 어중간한 위치였다.

아직 6학년밖에 안 되었음에도 부모는 의식 수준, 행동 양식, 집안일을 언니 수준으로 요구하고 있었다. 그러나 아이는 귀여움을 독차지하는 어린 동생들과 같은 사랑을 받고 싶은 욕구가 더 컸다. 중간에서 이러지도 저러지도 못한 채 결핍된 욕구를 학교에 와서 친구들에게서, 선생님에게서 찾고자 하는 심리가 있었던 모양이다. 애정 결핍, 욕구 불만인 모습들 때문에 왕따 문제까지 불거졌다.

그런데 그 아이가 변했다. 여러 과정과 이유가 있었지만, 그 아이에 대해 끝까지 참고 기다려 주는 교사의 마인드와 태도가 가장 컸다. 그 결과 많이 부드러워졌고 아이들과의 관계도 상당히 호전되었다. 나를 참 힘들게 하고 애먹이던 아이였다. 정말 웬만해서는 그 의식을 깨고 나오지 않는 통에 나 역시 답답할 때가 많았기 때문이다. 그러나 인내는 열매를 맺기 마련이다.

[교사의 회복탄력성 프로젝트 06]

교육은 감동이다

감동 교육

인내는 쓰고 열매는 달다고 했던가? 교육에서도 인내라는 속성이 얼마나 중요한지 몸소 느낀다. 그런데 이것 못지않게 중요한 요소가 하나 있다. 바로 '감동'이라는 측면이다. 그 이유가 무엇일까? 너무 논리적으로 접근할 필요는 없다. 단순히 인격적으로만 살펴보아도 답은 나올 듯싶다. 교육은 다른 것이 아니다. 사람(교사)과 사람(학생)의 관계다. 그러한 관계 속에서 이루어지는 것이 교육이다. 그런데 그 관계 형성에서 가장 중요한 요소는 무엇일까? 바로 마음과 마음의 관계가 아닌가 싶다. 그러한 마음과 마음을 잇게 하는 요소, 그 마음을 움직일 수 있는 그 무엇이 바로 한문으로 잘 표현된 '감동(感動, 크게 느끼어 마음이 움직임)'

이라는 측면이다. 그러한 감동이 없을 때 그것은 어느 순간 교육이 아닌 교습, 레슨이 되어 버린다. 나도 마찬가지였다. 언제 터질지 모르는 폭탄, 멍청이, 울보, 욕쟁이들과의 만남에서 감동도 없는 메마른 교육으로 이 아이들을 어떻게 변화시킬 수 있었겠는가? 생각조차 할 수 없는 영역이다. 부드러움? 좋다. 놀이도 좋고, 함께도 좋다. 칭찬도 좋고 인내도 좋지만, 그것만으로는 한계가 있을 수 있다. 그때 등장하는 것이 바로 '감동'이라는 측면이었다. 어쩌면 이것이 교육적 퍼텐셜에서 가장 강력한 측면이 아닌가 싶다. 이것은 경험에 비추어 볼 때 부정할 수 없는 사실이다.

폭군도 어린양으로 변화시키는 감동의 교육

사실 우리 반에서 변화하면 ○○이다. 그만큼 문제도 적지 않게 많았던 아이다. 그러한 아이가 변했다. 그것도 폭발적인 변화의 양상을 보였다. 그런데 그 촉발점은 정말 생각지도 않은 아주 작은 곳에서 시작되었다. 어떻게 보면 내 교직 인생에서 새로운 전환점을 맞게 해 준 아이이기도 하다. 교육이, 교육을 통한 변화가 무슨 거창하고 대단하고 으리으리한 프로젝트가 아니라 그야말로 사람과 사람의 만남이며, 그러한 만남과 관계 안에서 일어나는 아주 작은 감동과 소통의 결과물이라는 것을 깊이 생각하게 만들었기 때문이다.

그러한 감동 교육의 촉발은 학기를 시작하고 그다음 날인 3월 3일에 일어났다. 발단은 아주 사소했다. 그래서 그러리라고는 전혀 예상하지 못했다. 첫날 나름 오리엔테이션을 했다. 그것도 내가 처음부터 말했던 부드러움의 교육답게 차분함과 부드러움, 그리고 젠틀함까지 갖추어 학급 경영에 대한 오리엔테이션을 했다. 그러고는 그다음 날 바로 그 적용점이라고 할 수 있는 차원에서 가정 통신문을 배부했다. 보통은 가정 통신문이 나오면 모둠별이든, 분단별이든 인원수에 맞게 나누어 주면 되는데, 처음이라서 이름도 외울 겸 1명씩 나와서 받아 가게 했다. 그때 이름이 불린 ○○이가 나와서 가정 통신문을 한 손으로 낚아채듯이 가져갔다. 그래서 이것은 아니다 싶어서 부드럽게 권면했다. "○○아, 어제 선생님이 뭘 가져갈 때는 두 손으로 받고, 공수 인사도 하고 들어가라고 부탁했는데 기억하죠?" 단지 그 한마디였다. 그런데 웬걸. 그 아이에게서 나타난 즉각 반응은 "헐, 젠장."이었다.

도리어 내가 할 말이었다. "헐!" 그래도 나의 침착함은 절대 무너지지 않았다. 산전수전 공중전까지 겪은 17년 차 경력의 교사인 내가 그딴 추임새 한마디에 흔들리면 안 되지. 그러한 침착함 가운데 다시 또 한마디 했다. 그것도 아주 부드러운 어투와 젠틀한 태도로 "에이, 선생님한테 그렇게 말하는 것 아니에요. 선생님과의 첫 대면에 너무 쎄게 나오는데요?"라고 했다. 그것도 웃으면서 말이다. 그런데 어처구니없는 일이 곧바로 또 벌어지고 말았다. 질책을 심하게 한 것도 아니고, 더군다나 욕을 한 것도 아니었다. 그냥 부드러운 권면이었을 뿐이다. 그럼에도 나타난 반응은 나를 정말 기겁하게 만들었다. "씨이, 씨이, 으어헉, 으어헉. 씨이, 씨이, 으허헉, 으허헉." 어깨까지 들썩이며 나를 독사 같은 눈으로 째려보고는 봇물 터지듯 울기 시작하는 것이 아닌가? 그것도 샤우팅을 하듯 씩씩대며 괴성 비슷한 울음소리를 내면서 말이다. 웬만한 교사는 아마 기가 차서 말도 안 나올 그야말로 어이 상실 시추에이션이었다. 그런데 날 더더욱 기겁하게 한 것은 ○○이 모습을 본 우리 반 아이들 반응이었다. 아무렇지도 않다는 듯이 '또 시작이네'라는 시큰둥한 반응을 보였다. 뭐지? 짧은 순간이지만 나를 너무나 혼란스럽게 만드는 상황이었다.

알고 보니 이것은 별일도 아니었단다. 1년 전 5학년 때는 자신을 지적하는 선생님 앞에서 열을 받아서 "씨*"이라고 욕하고는 분을 참지 못해 책상을 뒤엎어 버린 채 그냥 학교 밖으로 나가 버린 일도 있었다. 그러한 과거 이력 조사 자체를 한 적이 없으니 알 턱이 있나.

그런데 그때였다. 그 아이를 물끄러미 바라보는데 내 안에 작은 울림이 들렸다. 나도 모르는 불가항력적인 생각과 마음이 떠오르기 시작했다. '아프구나. 많이 아프구나. 상처가 있구나. 그 상처가 너무 깊구나.' 부드러움의 극치에 가까운 언사로 권면했음에도 받아들일 수 없을 정도로 아이 마음에 생채기가 나 있었다. 그것은 헤어지고 깨지고 다치지 않고서는 이럴 수가 없다는 무의식적인 깨우침이 내 심중 깊은 곳에서 울렸다. 나도 깜짝 놀랐다. 성질을 내도 시원찮을 판에 이 무슨 해괴망측한 마음의 울림인가? 그런데 더 놀라운 것은 나도 모르게 내 안에서 들린 그 마음을 그대로 전해 버렸다는 점이다. ○○이만 들을 정도의 작은 목소리로 진심을 담아 말해 버렸다. "○○아, 많이 아프구나. 뭐가 그렇게 아파? 무엇이 널 그렇게 아프게 하니? 왜 이렇게 상처가 많아?"

　그때였다. 나는 교육의 기적을 체험했다. 그렇게 샤우팅하듯 울음을 터트리던 그 아이가 마치 언제 울었냐는 듯이 울음을 뚝 그쳤다. 그렇다. 정말 뚝 그치는 것이 아닌가? 자신의 분을 스스로 삭히는 것이 아닌가? 마치 길들여지지 않아 길길이 날뛰던 야생마가 순한 어린양이 되는 것과 같다고 해야 할까? 그 상황을 목도한 나와 우리 반 아이들 모두 다 놀라서 바라만 볼 뿐이었다. 나중에 한 ○○이의 고백인데 그 순간 자신도 느꼈다고 한다. 선생님이 자신 안에 들어오는 것을 말이다. 그것에 너무 놀라 그냥 울음을 뚝 그쳤단다. 더불어 자기도 너무 놀랐단다. 다른 선생님들은 그러한 자신을 욕하고 비난하기 일쑤였는데, 선생님은 그러지 않으셨다고 말이다. 내가 자신의 그러한 상처와 아픔을 알아주고 만져 준 최초의 선생님이었단다.

　무슨 말인가? 추후에 다시 언급하겠지만, 교육은 마음 들어가기다. 그리고 교육은 감동의 현장이다. 많은 지식을 전달하고 가르치고 암기시키는 것이 아닌, 최악의 상황을 감동으로 전환시킬 수 있는 사람이 교사다. 그가 사람을 변화시키는 교육자다. 아이는 그 순간부터 변화되기 시작했고 그 후로는 나를 자신만의 아이돌쯤으로 여겼는데, 전폭적인 지지와 함께 사랑하는 최고의 제자가 되었다.

울보였던 아이를 논리적인 아이로 만드는 감동 교육

이 아이도 만만찮았다. 방과후 관련 가정 통신문을 회수하는데, 하기 싫은 방과후 시켰다고 막무가내로 울부짖으며 분노하는 울보였다. 가정에서 자신의 의견이 관철대지 않기에 항상 욕구 불만이 쌓여 있었다. 항상 요구만 받다 보니 자신의 의견을 피력하려고 취할 수 있는 행동은 고성능 스피커가 되는 것뿐이었다. 그래서 항상 무슨 말이든 고성 하이톤으로 말하는 것이 습관이 되어 버렸다.

그 전후 사정을 알게 되니 아이의 마음에 또 들어갈 수 있었다. 그 답답함, 억울함이 얼마나 클까? 그래서 이때도 조심스럽게 이렇게 질문했다. "너의 감정과 의견을 표출하는 방법이 꼭 그것밖에 없니?" 그렇다. 지적을 하지 않고 질문을 했다. "무슨 문제만 생기면 화내고 짜증을 내고 우는 것은 5살짜리 아이나 하는 행동인데. 난 네가 초등학교 6학년 13살다운 논리적인 근거를 가지고 충분히 접근할 수 있는 아이라고 믿는다." 그리고 아이에게 그 믿음을 보여 주었다.

그랬더니 또 웬일인가? 너무 당황스러울 정도로 심하게 울던 울음을 그치고 생각을 하기 시작했다. 맞다. 울음 대신에 생각을 하기 시작했다. 전에 항상 그래 왔듯이 지적받을 줄 알고 그 지적을 기다리던 아이에게 질문을 했더니 도리어 상황이 반전되었다. 질문에 답을 하고자 하는 마음에 울음은 온데간데없고 생각을 시작한 것이다. 13살다운 모습을 보여 주고 싶었단다.

나중에 알게 되었다. 이 아이의 내면 깊은 곳에는 엄청나게 탁월한 논리적 지능이 숨겨져 있었다는 것을 말이다. 그 어떤 교사도 발견하지 못했으니 아이에게 그것을 요구한 적도 없었다. 하지만 내가 처음으로 자신의 뛰어난 논리성을 요구하자 자신도 모르게 숨어 있던 논리성을 발현하기 시작했다. 그 이후 우리 반 토의 발표에서 탁월한 발표력과 표현력을 드러냈다.

무슨 거창한 것이 아니었다. 그 아이의 잠재된 능력을 터치해 주었을 뿐이다. 꼭꼭 숨은 그 보석을 찾아 다듬어 주는 사람이 바로 교사이자 교육자가 아닌가 싶다. 그러한 측면을 더더욱 실제적으로 경험한 또 하나의 일화이기도 했다. 그 순간 또 깨달았다. 아이 마음속에 들어가는 것. 그것이 교육의 시작점이자 어쩌면 궁극의 접촉점, 소통점이라는 사실을 말이다.

애기짓, 이기적인 마음도 무너뜨리는 감동 교육

○○이는 애기짓으로 일관했던 아이다. 말투가 완전히 애기다. 그리고 철저히 자기중심적이고 감정적이었다. 그 가운데 상당한 우울감도 갖고 있었다. 그것이 행동으로 나타나다 보니 아이들에게 좋은 모습으로 인식되지 않았던 것이 사실이다. 그 결과 자신은 왕따를 당한다는 피해 의식이 생길 정도로 아이들에게서 소외감을 느끼는 일들을 경험했다. 왕따인 것 같으면서 아닌 그야말로 왕따 비슷한 일을 당한 것이다. 그 순간 그 모든 탓을 아이들에게 돌리며 분노하기에 이르렀다. 학

교폭력대책심의위원회를 열어야 되나 싶을 정도로 격분해 있었고 우울해 있었다. 그러다 보니 쉬는 토요일임에도 내게 전화를 해서 상담을 요청한 상황이었다. 마음의 준비를 하고 그다음 주 월요일에 아이들 전체를 대상으로 작정하고 말했다. 이날 처음으로 목소리가 조금 높아졌던 것 같다. "여러분, 사람 마음이라는 것 아세요? 그리고 그 마음에 들어가 본 적이 있으세요? 없으시죠? 그럼 그 사람만이 갖고 있는 상처, 아픔, 그만의 어려움에 대해 감히 안다고 자신할 수 있나요? 사실 우리 인간은 그것에 대해 잘 알지도 못하면서 너무나 쉽게 판단하고 결정짓는 것은 아닐까요? 얼마 전 제가 알게 된 사실 하나를 말씀드리려고 해요. ○○이 일이에요. ○○이 관련해서 다른 이야기를 하려는 것이 아니라 한 가지만 이야기해 볼게요. 여러분 중에 ○○이 언니와 동생의 관계에 대해 알고 있는 사람이 있나요? 선생님이 바로 이야기하죠. ○○이는 형제가 5명으로, 그중 둘째라는 사실입니다. 그것도 밑으로는 2~3살짜리 동생들이 있는 둘째. 혹시 그것이 무엇을 의미하는지 아세요? 아마 모를걸요. 샌드위치 인생이라는 말 들어 보셨어요? 이러지도 저러지도 못하고 그 중간에 끼어 버린 인생을 말합니다. 그것이 뭐 어떻냐고요? 말이 샌드위치이지 밑에서 치받아 올라오고, 위에서 내리 누르는 그 고통과 어려움을 여러분은 경험해 보셨나요? 경험해 보지 못하셨을걸요. 그 중간에 낀 샌드위치 인생은 그 삶만이 느끼는 어려움과 고통이 있기 마련입니다. 그것을 감히 알지도 못하면서 눈에 보이는 현상만으로 판단하는 인간의 존재가 얼마나 부족하고 연약한지 아세요? 그러한 아픔을 알기나 하고 함부로 말하나요?"

내가 무엇을 말하는지 아이들은 알아차리기 시작했다. 그 나름의 아픔 가운데 애정 결핍과 욕구 불만을 터트리는 ○○이의 그 부족함만 보았다. 그럴 수밖에 없는 초등학교 6학년 아이의 그 힘들고 버거운 마음은 보지 못했음을 그날 모든 아이가 함께 공감하기 시작했다. 모두가 숙연해졌다. '마음', '그 마음에 들어가는 것', '아픔, 나름의 고통'에 대해 생각하지 못한 자신들에 대한 진지한 성찰과 반성의 시간을 갖게 되었다. 학급의 왕따 문제가 발생했을 때는 잘잘못을 따지기보다 그 상황 속으로 들어가 서로의 마음을 만져 주어야 한다. 그날 피해자라고 느끼던 ○○이는 감동을 받았고, 나름의 가해를 했던 아이들은 잘못을 느끼는 감동적인 순간을 맞이했었음을 기억한다.

쎈언니를 따뜻한 언니로 변화시키는 감동 교육

이 아이도 참 많이 기억에 남는다. 6학년인데도 유난히 성장 속도가 빨라 덩치가 컸고 눈매는 매섭게 생겼었다. 아니나 다를까 쎈언니, 우리 학교 일진 짱이었다. 남자아이들조차 함부로 하지 못하던 여자아이였다.

그런데 그러한 아이를 다중 지능 이론으로 접근하니 그렇게 어렵지 않게 아이 마음을 얻을 수 있었다. 칭찬의 교육으로 선공을 했다. 잘하는 것은 잘한다고 무차별적으로 칭찬 세례를 퍼부었다. 그 칭찬 세례에 정신을 차리지 못하고 그만 무장 해제를 하는 아이를 발견했다. 다른 아이들보다 몸만 성숙한 것이 아니라 의식도, 사고력도 성숙해 있었다. 그만큼 논리 수학 지능이 뛰어난 아이였다. 잘못에 대해 다그칠 이유가 없었다. 감정적으로 대할 이유가 없었다. 논리적으로 알아듣게 차근차근 말해 주고 충분히 이해하고 알아들을 수 있는 아이임을 믿어 주기만 해도 그 아이는 자신의 존재가 인정받는다는 생각에 곧바로 의지까지 발현시키는 모습을 종종 보여 주었다. 특히 그러한 성숙한 사고력은 상대방의 마음 들어가기에서 적중했다. 문제가 생길 때마다 아이 마음에 들어가 상황을 설명해 주자 감동을 받은 것이다. 그러한 아이 마음을 모두 이해하고 알아주었기 때문이다. 그러자 ○○이는 아이들 위에서 군림하기보다는 자신의 성숙미를 발휘해서 아이들을 도와주고, 그러면서 자신의 존재 가치를 더더욱 높여 나갔다. 특히나 반에서 일어나는 왕따 문제라든지, 단톡방에서 나누는 날카로운 문제에 대해 스스로 자성할 수 있는 분위기를 이끌어 갔다. 스마트폰 게임 근절 운동을 시작한 10월 말부터는 스스로 자제하더니 나중에는 아이들을 독려하고 중단시키는 역할까지 감당해 주었다. 자신의 가치를 인정해 주고 정말 그렇게 대해 주는 것에 사람은 감동을 받는다. 그리고 그 기대에 부응하고자 노력하는 것이 인간이다. 칭찬 교육, 감동 교육의 위력을 새삼 실감하는 순간이었다.

돌발적이고 즉흥적인 아이도 평안을 찾게 하는 감동 교육

　축구를 너무나 사랑한 나머지 축구공을 가지고 있는 것이 유일한 낙이었던 아이가 있었다. 그런데 어쩌다 하나둘 다 잃어버리고는 축구공 하나만 남게 되었다. 그 아이에게 그것은 그 어떤 것과 바꿀 수 없는 가장 소중한 보물 1호였다. 아이는 점심시간 그 귀한 축구공을 가지고 축구를 하려고 친구들을 불러 모으기 시작했다. 그런데 웬걸 어느 누구도 오지 않았다. 평소 같으면 우르르 몰려와 자신과 축구를 하며 같이 놀아주던 친구들이었다. 너무나 다른 모습에 의아해 하며 친구들에게 다가갔다. 알고 보니 다들 후배가 가져온 게임기를 하고 있었다. 여러 번 축구를 하자고 불렀는데도 콧방귀도 뀌지 않던 친구들이 얄미웠던 아이는 모여서 게임하는 곳으로 축구공을 날렸다. 그런데 예상하지 못한 일이 벌어졌다. 타깃은 친구들이었는데, 그만 게임기를 가져온 후배 녀석이 공에 살짝 맞은 것이다. 그런데 그 후배 녀석도 성격이 만만찮아서 화를 참지 못하고 저 멀리 도랑으로 축구공을 차 버렸다. 너무 놀라 풀숲으로 가 보았지만 찾을 길이 없었다.

　좌절감을 느낀 아이가 교실로 찾아왔는데 가관이었다. 다 큰 6학년이라고는 믿기지 않게 울며불며 교실로 들어오더니 대뜸 전화 좀 사용하자고 한다. 경찰서에 신고한다는 것이다. 후배 녀석이 자신의 금지옥엽과도 같은 축구공을 날려 버렸기 때문에 참을 수가 없단다. 경찰에 빨리 신고해야 한다며 난리가 아니었다. 황당하고 당황스러운 내 마음부터 추스르느라 힘들었다.

걷잡을 수 없는 분노에 휩싸인 아이를 붙잡고 최선의 부드러움으로 상담을 진행하기 시작했다. 경찰서에 신고했을 때의 많은 문제점을 말이다. 경찰관이 얼마나 어이없어 할지, 그것을 방치한 선생님은 뭐가 되고 아이를 잘 가르치지 못한 부모는 또 어떻게 되겠냐며 차근차근 설명했다. 그래도 안 된단다. 신고해서 그놈의 버릇을 고쳐 주어야 한단다. 그래서 다시 상담에 들어갔다. 해결 방법이 그것밖에 없는지 다시 질문했다. 잠시 생각하는 것 같았다. 그런데 그 상황에서 답이 나오지 않는 자기 스스로도 답답했나 보다. 계속 머뭇거렸다. 도리어 답은 나에게서 나왔다. 딱 한마디였다. "선생님이 그 공 찾아 주면 안 되겠어요?" 우거진 풀숲으로 직접 들어가 공을 찾아 주면 모든 문제가 해결된다는 지혜가 생겼다. 그 즉시 몸을 움직였다. ○○이를 이 깊은 감정의 벼랑 끝에서 살릴 수 있는 방법은 오직 그 잃어버린 공을 찾는 것밖에 없었다.

교실 밖을 나가 공이 떨어진 그 정글과도 같은 우거진 풀숲을 한번 살펴보았다. 전후 사정은 생각하지도 않고 공을 찾아 주겠다고 너무 쉽게 말을 뱉어 버린 나를 자책하게 만드는 현장이었다. 교실 복장으로는 안 되겠다 싶어 재빨리 관사로 가서 츄리닝과 장화로 갈아 신고 그 험한 풀숲으로 돌진했다. 들어가는 길에 때마침 긴 막대기 하나도 구할 수 있었다. 그러고는 장장 30여 분을 풀숲을 헤치고 공을 찾아 나섰다. 찾아 주겠다고는 했는데, 정말 막막했다. 서울에서 김씨 찾는 격이 이런 것을 두고 하는 말인가 싶을 정도로 만만찮았다. 그 넓디넓은 풀숲 어디에 떨어졌는지 기억도 못하는 아이의 말만 듣고 들어왔는데, 찾지 못했을 때 상실할 아이의 마음은 어쩔 것이며 내 체면은 뭐가 될지 눈앞이 깜깜했

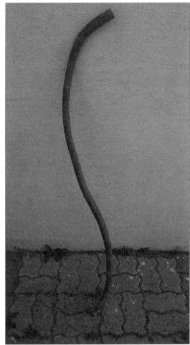

○○이의 축구공을 찾은 순간 　　　　　　　모세의 지팡이

다. 정말 간절히 기도하는 마음으로 헤매기 시작한 지 30분 정도가 지났
을까? 찾았다! 나도 모르게 소리를 지르고 말았다. 정말 찾은 것이다.

　거짓말 조금 보태 이것은 뭐 대학 합격했을 때보다 더 벅찬 흥분이
밀려왔다. 그러한 나 자신을 보면서 스스로도 웃겼다. 어쨌든 찾았다
는 안도감과 감격에 풀숲을 헤치며 돌아다니다 가시덤불에 긁힌 아픔
도 잊은 채 얼른 공을 ○○이에게 전해 주었다. 그것을 받아 든 ○○이
도 어찌나 멋쩍어 하든지. 찾고 나니 자신도 왜 그렇게 흥분했는지 괜히

쑥스러웠나 보다. 그 순간 나는 ○○이뿐만 아니라 우리 반 전체의 영웅이 되었다. 그런데 영웅이 된 이유를 아이들에게서 듣는 내 마음이 왜 더 아플까? ○○이가 공을 한두 번 잃어버린 것이 아니었단다. 그런데 지금까지 그 공을 찾아 준 선생님은 6년 동안 나 하나밖에 없었단다. 선생님은 우리의 영웅이란다. 웃어야 할지, 울어야 할지.

관계를 더더욱 돈독하게 만드는 감동 교육

내가 보지 않는 사이 친구에게 욕설과 함께 함부로 말한 ○○이의 동태가 들려왔다. 다음 날 상담 계획을 세우고 있는데, 말하기도 전에 먼저 찾아왔다. 그러고는 눈물을 뚝뚝 흘리며 자신의 잘못에 대해 진정 어린 사과와 반성의 모습을 보여 주었다. 그 순간 아무 말도 하지 않고 가만히 안아 주고 다독여 주었다. 그리고 모두 앞에서 이런 ○○이의 모습(자발성)은 나에게 교육받은 참 제자의 모습이라며 치켜세웠다. 그 뒤로는 계속 최선을 다해 그렇게 사는 모습을 보여 주었다. 훈계와 질책이라는 많은 말보다는 어쩌면 아무 말없이 그냥 안아만 주어도 그 아이의 삶은 변할 수 있다는 사실을 보여 주는 대목이다. 또 나중에 안 사실이지만, 이미 나와 관계 형성이 되었다고 생각한 ○○이는 그러한 관계가 깨질까 봐 자발적인 반성을 하게 되었다고 한다. 교사의 학생에 대한 신뢰가 그 아이의 삶에 얼마나 많은 영향을 미치는지 진지하게 생각할 여지가 있는 대목이 아닌가 싶다.

교칙도 어기는 감동 교육(feat. 팥빙수 파티)

이제는 어느 정도 훈련이 되어 함께하자고 하면 언제든지 군소리 없이 도와주는 우리 함백 6학년 손오공 꿈동이들. 그 와중에 체육관으로 짐 옮기는 것을 도와 달라는 행정실 요청을 거부하지 못하고, 그것도 교육의 일환이라는 취지로 아이들을 독려해서 함께 노역을 했다.

더운 날 힘들게 일한 아이들이 기특하기도 해서 아이스크림을 사 주고 마무리하려고 했는데, 아이들 의향은 다른 데 있었다. 자꾸 새로 개업한 팥빙수 집을 이야기한다. 20% 할인하는 날이 오늘로 끝이라며 계속 아쉬워한다. 그런데 그 가게는 배달이 안 되었다. 그래서 어떻게 했겠는가? 일과 중 학교 밖을 나가서는 안 되는 교칙을 어기고, 교장 선생님과 교감 선생님 몰래 팥빙수 집으로 향했다.

그날 우리 모두는 공범이 되어 사고를 친 것이다. 그리고 공범이라는 공감대로 모두가 하나된 날이기도 했다. 그것이 아이들에게는 무한 감동이었단다. 어려운 부탁인 줄 알았지만, 그것을 감수하고 감행한 선

팥빙수 파티

생님이 좋단다. 몰래 팥빙수를 먹고 교실로 돌아와 보니 메시지가 하나 와 있었다. 교감 선생님 메시지였다. "장 선생. 애들이 지금 운동장을 나가는데?" 이어 또 메시지가 와 있었다. "아니 뭐야? 장 선생도? 헐!" 그 모든 것을 보셨지만 메시지로만 말씀하시고 눈감아 주신 교감 선생 님. 그것이 나에게는 감동 그 자체였다.

: 09 :

[교사의 회복탄력성 프로젝트 07]

교육은 관계다

　　지금까지 부드러움의 교육, 함께하는 교육, 칭찬하는 교육, 지속성의 교육, 인내의 교육, 감동의 교육 등 그 자체만으로도 교육이라는 속성을 나름 잘 표현한 측면이었던 것 같다. 그러나 실상 그 모든 것이 지향하는 궁극점은 무엇일까? 다른 것이 아니다. 앞서 언급한 영역들 하나하나 교육적 의미를 충분히 담고 있기는 하다. 하지만 결국 그 모든 것은 아이들과의 라포르 형성, 일명 관계(relationship) 형성을 위한 기반이자 발판이지 않을까 하는 생각을 하게 되었다. 또 앞으로 전개될 실제적인 교육 활동에서 강한 추진력과 동력이 되기도 하는 것들이라는 생각이 짙게 다가왔다. 다시 말해 라포르 형성이 안 된 상태에서는 뭘 해도 결국은 틀어지게 마련이다. 그러나 반대로 라포르만 형성되면 그다음은 "뭘 해도 다 용서가 된다고나 할까?"

단적인 예로, 하루는 아이들이 관사로 몰려왔다. 그리고 다짜고짜 배고프다고 했다. 사실 그날은 금요일이었다. 금요일이 나에게는 어떤 날인가? 한 주간 치열했던 삶을 마무리하고, 그 후로는 쉼과 힐링에 대한 단꿈을 꾸는 시간이 아닌가? 그만큼 나 역시 아이들을 위해 수고하고 최선을 다했으니, 이날만큼은 내 시간을 갖고 쉬고 싶은 것이 당연하지 않은가? 그런데 아이들이 찾아왔다. 그리고 막무가내로 배고프다고 떼를 썼다.

무슨 말인가? 간식이라도 내놓으라는 것이다. 그렇게 예쁘고 사랑스럽던 아이들이 징글징글해지려는 찰나, 도리어 퇴근한 아내가 말했다. "애들 배고프다는데 뭐해? 라면이라도 끓여 주자." 그동안 우리 반 아이들이 너무 사랑스럽다고 자랑하던 나였기에 딱히 반박할 말이 생각나지 않았다. 나만의 힐링, 쉼은 이미 물 건너갔다. 아이들과 라면과 짜파게티 파티를 열게 되었다. 그것으로 끝나지 않았다. 음료수에 과일까지 다 내놓아야 몰려온 아이들이 만족할 판이었다.

그런데 이것이 바로 아이들과 친밀한 '관계' 형성의 기틀이 되고, 아이들과의 오픈 마인드에 대한 결정타, 승부수가 된다. 그 순간 아이들은

아이들과 관사에서 번개팅

모두 내 품 안에 들어와 있게 된다. 다음 주에 있을 학급 활동에서 뭘 해도 다 수용할 준비가 된 것이다. 이번 금요일 번개팅을 통해 말이다. 학급 경영의 묘수가 다른 데 있지 않았다. 결국 관계였다.

아이들도 인격(생각, 사고)이 있다. 그래서 내가 진심인지 아닌지, 진정성이 있는지 아닌지 다 안다. 그렇기에 그 진심과 진정성만 통한다면 그 다음부터는 일사천리라고 생각한다. 이것이 관건이다.

10

[교사의 회복탄력성 프로젝트 08]

교육은 습관이다

의식화

의식화란 "한 개인 혹은 집단이 그가 처한 모순적 상황에 대항하여 그것을 극복하려는 태도로 변화하는 과정 또는 그러한 변화를 유도하는 작업을 말한다." 좀 더 확장해서 말하면 '신념, 믿음'이라고도 할 수 있을 것 같다. 다소 어감이 좋지 않아 그렇지 긍정적인 측면으로 본다면 교육에도 많은 도움이 될 수 있는 영역이다.

- 의식화의 대표적인 사례 #1: 이스라엘의 선민사상

  선민사상은 특정한 민족이나 집단만이 신(神)에게 선택되어 구원받는다는 사상을 말한다. 넓은 의미로는 어떤 민족이나 집단의 우월성을 주장하는 사상도 포함된다. 유대교에서 여호와가 이스라엘 민족을 선택하여 계약을 맺었다는 사상이 그 대표적인 예다(『고대민족사연구』, 안호상, 1985).

- 의식화의 대표적인 사례 #2: 동방예의지국 대한민국
  유교의 시작은 중국이었다. 그러나 그러한 윤리 의식인 유교를 받아들인 우리나라가 유교의 발상지인 중국보다 더 뛰어나고 훌륭한 동방예의지국이 되었다.

어떻게 그것이 가능했을까: 무한 반복의 저력

이스라엘의 선민사상 하나를 보더라도 토라(구약의 율법서)에 대한 말씀을 마르고 닳도록 외워서 무한 반복한 결과다. 그것이 바로 유대인들의 천재 교육 일환인 '테필린'이다. (테필린이란 '말씀 암송으로 마음에 새기는 것'이라는 뜻으로 유대 민족은 만 4살부터 매일 하루에 세 번씩(아침, 점심, 저녁) 말씀을 암송하며 기도한다. 유대인의 쉐마 교육인 하나님의 말씀 씨앗을 마음에 심는 훈련을 말한다. 『유대인의 천재교육 프로젝트』, 강신권 외, 2007)

동방예의지국 대한민국은 또 어떠한가? 신앙이라고 할 수 없는 윤리 의식에 불과한 유교를 받아들인 우리나라가 그 의식에 대해 몇백 년을 반복하는 순간 도리어 유교의 발상지인 중국조차도 뛰어넘었다는 사실이다.

콩나물 기법, 가랑비 옷 젖기 기법

그렇다면 교육을 하는 학급에서 이런 것을 써도 될까? 가능하다고 본다. 아이들의 긍정적 변화라는 푯대를 바라볼 때, 최대한 인격적 차원의 의식화는 긍정적 측면이라고 확신한다. 그럼 방법적인 측면에서는 어떻게 할 수 있을까? 일명 콩나물 기법, 가랑비 기법처럼 계속적으로 무한 반복해서 주입할 수밖에는 없는 듯하다. 결국 교사의 끊임없는 훈화와 대화와 사랑을 뿌려 주는 것밖에 없다는 결론을 내렸다. 농부의 수고로움 없이 어찌 열매를 거둘 수 있겠는가?

라포르 형성이 전제가 되었을 때 훈화를 끊임없이 반복한다. 동일한 주제를 다각도로 계속 언급하고 제시할 때, 어느 순간 아이들은 체득하고 내재화까지 하는 현상을 여러 차례 발견했다. 그리고 관계가 형성되니까 그 모든 이야기를 잔소리와 질책이 아닌 자신의 삶과 인생에서 실제적인 상담으로 받아들이는 모습을 보여 주었다. 도리어 그러한 훈화를 더 해 달라고 요청할 정도가 되었다. 어느새 아이들은 화를 잘 내고 대드는 모습을 보이는 5학년 아이에게 "상처가 많은가 봐. 자기 속에 갇혀서 그래. 결국 훈련이 안 되서 그런 것 같아. 이해해 주자. 그 아이도 우리 반에서 훈련받으면 좋을 텐데." 하고 이야기하는 경지에 이르렀다. 우리 반에서 사용한 내용과 의식까지 접목시킨 것이다.

11

[교사의 회복탄력성 프로젝트 09]

교육은 훈련이다

훈련도 교육이다

훈련이라는 표현이 다소 부담될 수 있다. 학교가 군대도 아니고 말이다. 그러나 교육의 정의 중에는 이런 내용이 있다. 계획적(計劃的) 측면의 정의에서 "무의도적, 자연적인 것에 비해 의도적"임을 가리킨다. 그렇다. 문제의 원인들이 밝혀지고 그에 따른 문제점을 인지하게 되었다. 그렇다고 해결되고 인성이 바뀌고 변화되는가? 아니다. 쉽게 볼 문제가 아니다. 살아온 세월만큼이나 습관이 몸에 배었기에 그것을 그렇게 쉽게 해결하고 변화시킬 수 있는 것이 아니다. 따라서 교육에서는 인간의 행동이 자연적으로 변화하기를 기대하는 것이 아니라 적극적으로 일정한 계획에 따라 변화시키는 과정이 필요하다.

이런 계획적인 인간 행동의 변화는 분명한 목적의식과 체계적인 활동이 전제되어야 한다. 이런 체계적인 모든 활동이 곧 교육인 것이다. 군대처럼 강압적이고 위압적인 측면을 말하는 것이 절대 아니다. 습관, 체질 개선을 위한 계속적인 실천적 노력 차원을 말하는 것이다.

그런데 그것을 누가 해 주어야 하는가? 이때 필요한 존재가 바로 교사다. 일명 근접 발달 이론인 비고츠키(Vygotsky) 교육의 '비계' 설정이 대두된다. 무슨 말인가? 문제 상황을 건드려 주고 터치해 주고 도움을 주고, 또 cheer up해 줄 수 있는 도우미 역할인 것이다. 그렇다. 교육은 훈련이다. 교육은 서포트인 것이다.

실제적인 훈련으로 알아보자. 한 아이가 쉬는 시간에 문을 닫지 않고 밖으로 나간다. 이때 그 즉시 아이를 다시 불러 세운다. 그리고 지금까지 추구했던 부드러움의 교육 차원에서 왜 문을 닫고 나가야 하는지를 설명한다. 직접 문을 닫고 나가는 실습을 시켜 그 습관을 기를 수 있게 도와준다. 교사가 계속 서포트해 주고 도움을 준다. 그것을 잘했을 때, 그 즉시 칭찬 교육을 한다. 어떤 면에서는 잘했고 잘 이해하고 있음을 적극적으로 칭찬해 주는 것이다. 그 가운데 피그말리온 효과 차원에서 누구는 이렇듯 충분히 문을 닫고 나갈 수 있는 능력을 갖추고 있음을 믿고 기대한다는 암시를 아낌없이 한다. 그런데 관건은 이것을 한 번으로 끝내서는 안 된다는 것이다. 지속성의 교육으로 계속 반복하고, 될 때까지 끝까지 기다려 주고, 반복 숙달되는 훈련을 한다. 그것이 교육이며, 교사인 것이다.

근접 발달 영역과 비계

아동의 지적 능력을 설명하고자 비고츠키가 도입한 것으로, 그는 아동의 인지 능력을 향상시키기 위해 아동 자신보다 인지 수준이 높은 성인이나 교사의 조언 또는 가르침이 필요하다고 강조했다. 이때 도움을 주는 성인이나 교사는 아동의 수행 수준에 맞도록 도움의 수준이나 양을 적절히 조절하면서 지도하고 가르치다 보면 스스로 수행해 나가는 새로운 인지 구조가 발달하게 된다고 보았다. 이렇게 아동을 지도하고 가르치는 조절 방안을 비계(scaffolding) 작업이라고 한다.

이런 발판화를 촉진하는 데 대화가 가장 효과적인 방법이며, 발판화의 수준은 성인의 일방적 결정이 아니라 아동과의 상호 작용 속에서 결정하는 것이 바람직하다. 근접 발달 영역(Zone of Proximal Development, ZPD)과 발판화를 기초로 한 학습의 한 형태로는 유도된 참여가 있다. 이는 여러 문화권에서 볼 수 있는 학습의 형태로, 아동이 성인의 활동을 관찰하고 참여하는 상호 작용 활동을 통해 인지와 사고 능력이 향상되는 것이다(『상담학 사전』, 김춘경 외, 2016; 『마인드 인 소사이어티』, 비고츠키, 2009).

12

[교사의 회복탄력성 프로젝트 10]

교육은 추임새다

닉네임을 바꾸다

우리 반 아이들 띠는 원숭이띠다. 그래서 우리 반 닉네임을 '손오공'으로 정했다. 이제는 멍청이, 울보, 욕쟁이 등으로 낙인된 닉네임에서 벗어나 끼 많고, 재능 많고, 꿈 많은 손오공들로 변신해 보고자 학기 초 닉네임을 바꾸는 활동을 했다. 그것으로 끝나지 않고 여기에 흥을 더하기 시작했다.

추임새, 그루브가 살아 있는 교실

- **그냥 시도 때도 없이 우리 존재 자체를 부각시킬 때 하는 추임새, 그루브**

  내가 먼저 "6학년?"이라고 선창한다. 그러면 동시다발적으로 "손오공!"이라고 아이들이 화답한다. 또 반대로 "손오공?" 하면 아이들은 "꿈동이!"라고 화답한다. 우리 반만의 닉네임 구호라고 볼 수 있다.

- **집중시킬 때 하는 추임새**

  내가 "선생님께 집중!"이라는 구호를 외치면 아이들은 박수 다섯 번을 치고 "선생님께 집중!"이라고 따라 하며 눈을 마주친다. 이때 잘 집중하고 있더라도 일부러 분위기를 전환하려고 "마음에 안 들어! 다시 한번 눈만 집중!"이라고 말하면, 아이들은 광고 카피에 나오는 음원을 따서 "띠리리~링 띠리리리링! 띵! 띵 !띵!"이라면서 나와 계속해서 눈을 맞춘다.

- **칭찬과 격려도 그루브 있게**

  기 충전 및 칭찬 박수 시작이라고 하면 칭찬받는 학생을 향해 박수 세 번을 치며 기를 불어넣고는 기합을 넣는다. "얍" 또는 "앗"이라고 말이다. 이것보다 더 큰 최상의 칭찬 박수는 2 3 2 일곱 번 박수 후 단전 호흡하듯이 기합을 불어넣는 형식이다.

- 수업 준비를 할 때 하는 추임새

  "수업 준비 됐나요?" 그럼 아이들이 화답한다. "네네 선생님." 그럼 다시 한 번 질문한다. "정말로 됐나요?" 그럼 아이들이 또 화답한다. "정말로 됐어요!" 하고 말이다.

- 무엇인가가 준비된 상태를 확인할 때

  〈스폰지밥〉에 나오는 노래 가사를 인용한다. "준비 되~엣~~나?" 그러면 아이들이 반말로 화답한다. "준비되~엣~~다" 이때 내가 다시 확인한다. "진짜로~~~?" 그럼 아이들이 "네네 선장님(선생님)."이라고 다시금 확인시켜 주는 형식이다.

유치한 듯하지만, 그냥 아이들과 교감(交感, communion) 차원에서 시행하고 있다. 하지 않는 것보다는 낫기 때문이다.

: 13 :

[교사의 회복탄력성 프로젝트 11]
교육은 놀이다

놀이가 밥이다

어느 한 기관에서 서울 소재 초등학교 두 곳의 2학년 4개 학급의 학
생 121명과 학부모 86명을 대상으로 놀이 실태와 인식에 대한 설문 조
사를 실시했다. 학교 수업이 끝나고 1시간 이상 노는 날이 며칠이나 되
는지 묻자 부모 68.6%는 '자녀 나이 때 매일 놀았다', 18.6%는 '매주
3~4일 1시간 이상 놀았다'고 답했다. 10명 중 9명은 거의 매일 1시간 이
상 놀았던 셈이다. 아이들은 매일 1시간 이상 놀았다는 답이 121명 중
25명(20.7%)에 그쳤다. 부모 세대의 3분의 1에도 못 미친 것이다("경향신
문』, "부모와의 놀이 간극", 2014.2.25.)

그 이유가 뭘까? 과거에 어른들이 아이들에게 자주 했던 말 하나가

떠올랐다. '놀지 말고 공부해라'다. 이는 비단 입시에 시달리는 중·고 생뿐만 아니라 초등학생, 심지어 취학 전 아이들도 심심찮게 듣는 말이다. 이 말 속에는 '노는 것과 공부하는 것은 서로 상반되며, 놀이는 공부를 방해하는 시간 낭비이기 때문에 일등만 요구하는 사회에 적응하려면 놀지 말고 공부해야 한다'는 생각이 숨어 있다. 다시 말해 '논다는 것'과 무엇을 배운다는 '교육'은 뜻이 반대이거나 전혀 관계가 없음을 보여 주는 대목이다. 무엇보다 학벌 지상주의와 무한 경쟁 사회에서 '논다는 것'은 곧 패배이자 뒤처짐을 의미하는 것이기도 하다.

더불어 산업화, 도시화 현상에 따른 놀이 공간의 축소, 어른들의 무관심, 영상 매체, 저급한 사이버 문화의 범람으로 아이들의 생활 속에서 '놀이'라는 개념은 한층 더 많이 밀려나게 되었다. 또 건전한 놀이 공간의 부족으로 함께 어울림 속에서 형성되어야 할 올바른 인성과 자아존중감은 물론 기초 체력마저 잃어 가고 있다.

그렇기에 지금 우리는 현대 산업 사회의 정신적·도덕적 위기를 극복할 수 있는 새로운 교육의 패러다임이 필요하다. 자기중심주의에서 탈피하여 협동과 상호 존중을 지향하는 참다운 인성을 기르고, 이웃과 더불어 사는 친사회적이고 도덕적인 공동체뿐만 아니라, 기초 체력도 향상시켜야 한다.

이런 위기의식을 반영이라도 하듯 2014년 2월부터 『경향신문』에 연재된 "놀이가 밥"이다는 테마가 신선한 충격을 주었다. 보수와 진보, 교육감과 지방 자치 단체장이라는 위치를 떠나 놀이 부족이 우리 사회 미래에 위험 신호를 보내며, 이를 타개하려면 '놀이도 교육'이라는 발상의 전환이 필요하다는 점에는 모두가 동의했다. 그러한 의식을 바탕으로 교실, 운동장, 체육관, 체육 시간, 내 책상조차도 아이들의 놀이 현장이 되도록 노력했다.

부드러움의 교육이라는 이름으로 평정심만 찾는다는 것이 아니다. 그 부드러움의 교육 안에서 활기차고 역동적인 놀이 문화를 추구하게 된다. 그것이 바로 교육의 반전이 아닐까 싶다. 그렇게 부드럽고 차분한 선생님이 보여 주는 놀이에는 어떤 것이 있을까?

발도르프 교육에서의 움직임 교육

움직임 교육은 대근육과 소근육 운동을 통해 아동의 움직임 감각(운동 감각), 공간 인식, 내적 평형(안정감), 균형 감각, 생명 감각 등이 잘 발달하도록 도와주는 교육 활동을 말한다. 움직임 교육에서는 아동 스스로가 자신의 움직임 조직체를 바르게 인식하고 올바르게 조절하도록 도와주는 것과 점차 세분화(섬세하게)할 수 있는 힘을 키우는 것을 추구한다. 또 자기가 가진 에너지를 적재적소에서 발휘할 수 있게 해 주는 것이다. 이를 통해 아동은 의미 있는 방식으로 이 힘을 이끌어 낼 수 있다. 주로 발도르프 교육에서 추구하는 교육 활동의 한 분야로 많이 인식한다. 이런 움직임 교육의 중요성을 깨달으면서 2016년에 처음 만난 우리 6학년 함백 손오공들, 함백 꿈동이들과 아침부터 매일 하게 되었다.

- 숫자 7 놀이

① 아이들이 원을 만든다.

② 아이들 중에 가장 먼저 숫자를 외칠 사람을 가위바위보 또는 자원해서 뽑는다.

③ 그중 1명이 오른손 또는 왼손을 가슴 쪽에 갖다 대며 방향을 가리킨다.

④ 그러면서 먼저 숫자 1을 외친다.

⑤ 왼손으로 오른쪽을 가리켰으면 오른쪽 사람이, 오른손으로 왼쪽을 가리켰으면 왼쪽 사람이 또다시 자신이 원하는 방향의 손을 가슴에 올려놓으며 숫자 2를 외친다.

⑥ 그렇게 계속 숫자 6까지 외치다 다음 숫자인 7을 외치는 사람은 손을 가슴에 대는 것이 아니라 머리 위로 올리며 방향을 제시하면서 숫자 7을 외친다.

⑦ 이렇게 숫자 7을 외치면서 방향을 가리켜 지목을 받은 사람이 숫자 1부터 다시 시작한다.

놀이는 처음에는 워밍업 수준에서 천천히 하여 모두가 놀이 방식을 익혀 나갈 수 있게 한다. 그러다 다 같이 동의하면 선창하는 학생이 좀 더 속도를 내는 방식으로 놀이의 흥미를 유발할 수 있다. 놀이 중간에 자신에게 방향이 주어져 다음 숫자를 외쳐야 함에도 하지 못했을 때 페널티를 받게 된다. 그에 따른 벌칙은 아침 활동이기에 운동장 한 바퀴 돌고 오는 체력 단련 차원으로 응용할 수도 있다. 팀에서 자유롭게 인적

숫자 7 놀이

적이면서도 기발한 벌칙을 준비해도 된다.

　이때 방향을 제시받은 사람은 1초 이내에 다음 숫자를 외쳐야 한다. 잠시의 머뭇거림은 페널티로 이어질 수 있음을 알아야 한다. 옆 친구의 행동과 모습을 예리하게 인식해야만 잘할 수 있다. 그만큼 주변에 대한 인식 능력이 향상될 뿐만 아니라 민첩성, 순발력을 기를 수 있다. 페널티로 하게 되는 체력 단련으로는 체력 향상까지 덤으로 얻게 된다.

- 발 리듬 놀이
  ① 이 놀이도 최초 시작할 사람을 정하고 오른쪽으로 돌아갈지, 왼쪽으로 돌아갈지도 결정한다. 보통은 '시계 방향으로 할래? 반시계 방향으로 할래?'라고 서로 소통하면서 반시계 방향, 즉 오른쪽으로 도는 방향으로 먼저 연습한다.
  ② 최초 시작할 사람과 방향을 정하면 놀이 방식은 최초 시작할 사람이 반시계 방향인 오른쪽으로 돌아야 한다. 그렇기에 자신의 왼발에 숫자 1(일), 오른발에 숫자 2(이)라고 하면서 발을 들었다 놓는 발구르기를 해야 한다. 그다음 사람은 왼발에 3(삼)이라고

외치면서 왼발을 들었다 놓는 발구르기를 하면 된다.

③ 그렇게 되면 다시 최초로 시작한 사람의 오른발이 숫자 1이 되고 그다음 사람의 왼발은 숫자 2, 오른발은 숫자 3이 된다.

④ 그리고 최초로 시작한 사람까지 모두 끝나면 이제 두 번째 사람의 왼발은 숫자 1, 오른발은 숫자 2가 된다. 그다음 사람의 왼발은 숫자 3이 되고, 그렇게 발을 구르면서 숫자를 외친 후에는 처음 했던 것처럼 두 번째 사람의 오른발은 숫자 1이 되고, 그다음 사람의 왼발은 숫자 2, 오른발은 숫자 3이 되는 형식이다. 즉, 숫자 1, 2, 3이 차례대로 도미노 형식으로 밀려 나가는 놀이라고 보면 된다.

숫자 일, 이, 삼이라고 호칭해도 되고, 좀 더 능숙하게 되면 하나, 둘, 셋이라고 표현해도 된다. 나중에는 원, 투, 쓰리 또는 중국어 이, 얼, 싼, 일본어 이치, 니, 산으로 바꾸어서 재미있게 할 수도 있다. 이것 역시 처음에는 천천히, 그리고 낮은 발구르기를 하다가 점차 속도를 올리면서 발구르기를 크게 하면 아주 흥미진진하게 놀이를 할 수 있다.

- **콩주머니 놀이**
  ① 콩주머니 또는 손에 쥐기 쉬운 둥근 모양의 공을 준비한다(예: 테니스공).
  ② 두 사람이 짝을 이룬다. 나중에는 4명이 한 팀이 되어서 할 수도 있다.

③ 최초 2명 중 1명은 왼손에 콩주머니를, 다른 1명은 오른손에 콩주머니를 쥔다. 즉, 서로가 다른 방향에서 콩주머니를 쥐고 있으면 된다.

④ 처음에는 숫자 구호를 천천히 붙이면서 연습해 본다. 하나라는 구호에 왼손에 쥔 사람은 콩주머니를 살짝 위로 던져 오른손으로 받는다. 오른손에 쥔 사람은 콩주머니를 살짝 위로 던져 왼손으로 받는다.

⑤ 둘이라는 구호에 현재 왼손에 쥔 사람은 상대방 오른손으로 콩주머니를 던져 주고 받게 한다. 반대로 오른손에 쥔 사람은 반대편 사람의 왼손으로 콩주머니를 던져 주고 받게 한다.

⑥ 이것을 하나둘, 하나둘 계속 구호를 외치면서 던지고 받고를 반복 연습하면 된다.

숙달되면 놀이를 좀 더 업그레이드시킬 수 있다. 상대편과 거리를 넓혀 던지고 받게 할 수도 있고, 교사가 던지는 높이를 높여서 던지고 받게 할 수도 있다. 이외에도 던지고 받는 속도를 빠르게 하는 방법도

콩주머니 놀이

있다. 최종적으로는 퐁당퐁당 등 2박자 노래에 맞추어 흥겹게 할 수 있는 놀이 및 움직임 교육의 일종이다.

- 막대 던지고 받기 놀이
  ① 배턴으로 해도 되고, 자연에서 쉽게 구할 수 있는 적당한 길이의 막대기를 이용해도 된다. 준비물인 막대기 주변을 가지치기하고 옹이를 잘 다듬어 다치지 않도록 준비한다.
  ② 이것도 2명이 짝을 이룬다.
  ③ 2명이 일정한 거리를 두고 서서 1명은 왼손에, 다른 1명은 오른손에 막대기를 잡고 있게 한다.
  ④ 구호에 맞추어 서로 던져서 막대기를 잡고 있지 않은 다른 손으로 막대기를 잡게 한다.

이 놀이도 거리, 던지는 높이 등을 달리하면 나름 재미나고 흥미 있는 움직임 교육, 놀이가 될 수 있다.

막대 던지고 받기 놀이

- 막대 세워 놓고 잡기 놀이

  ① 이 놀이는 막대 던지기와는 달리 자기 키보다 조금 더 큰 막대기를 준비한다.

  ② 2인 1조 또는 다인 1조로 해도 되는 놀이다. 다인수로 할 때는 원을 만들어서 할 수 있다.

  ③ 2인 1조는 막대 던지고 받기 놀이와 비슷하다. 이것은 대신 던지는 개념이 아니고, 자기 바로 앞에 큰 막대기를 세워 놓는 점이 다르다.

  ④ 두 사람 다 자기 앞에 막대기를 세워 놓고는 하나라는 구호에 맞추어 상대편 막대기가 쓰러지기 전에 잡는다. 이때 서로 몸으로 부딪힌다든가 막대기에 찔리는 등 다치지 않도록 주의한다.

  ⑤ 2인 1조가 아니라 다인 1조로 한다면 원을 만들어 다 같이 막대기를 오른쪽으로 둘지, 왼쪽으로 둘지를 정한다. 다음으로 하나라는 구호에 맞추어 왼쪽 또는 오른쪽에 세워 놓은 막대기가 넘어지기 전에 붙잡는다.

이 놀이는 최초 상대방과 거리를 좁혀서 막대기를 수월하게 잡을 수 있도록 했다가 점점 더 상대방과 거리를 두어 막대기를 넘어지기 전에 순발력 있게 붙잡는 사람이 이기는 방식이다. 나름 긴장감 있는 놀이라고 볼 수 있다.

- 어디까지 왔나 놀이

① 2인 1조로 팀을 구성하고, 2인 1조로 가능한 여러 팀을 만들어
도 된다.

② 2명 중 1명은 술래로 하고 다른 1명은 조정자로 정한다. 이때 술
래자는 손수건으로 눈을 가리고, 조정하는 사람은 그 술래자의
뒤에서 어깨에 손을 얹는다.

③ 여러 사람 중 짝이 없거나 자원한 1명을 목표 지점(타깃)으로 정
한 후 2인 1조의 각 팀이 술래자와 조정자 간에 협력하여 정해
진 목표 지점의 사람을 가장 먼저 찾아서 찜하면 이기는 놀이
다. 이때 조정자가 조정한 대로 움직이지 않고 술래자 멋대로
달려가는 것을 막고 조정자의 조정에만 반응해서 천천히 가도
록 술래자 머리 위에는 콩주머니를 올려놓는다. 술래자가 몸을
잘못 흔들어 콩주머니가 떨어지면 맨 처음 위치로 가서 다시 해
야 하기에 조심성 있게 해야 한다.

④ 목표 지점에 거의 다다른 술래자와 조정자는 마지막으로 "그럼
문을 여시오."라고 말하며 눈을 뜨면서 목표 지점의 사람과 손
을 터치하면 이기는 놀이다.

조정자는 술래자의 어깨에 손을 올려 방향을 조정하면서 목표 지점
의 사람을 향해 "어디까지 왔나?"라고 묻는다. 그러면 목표 지점의 사
람은 어디까지 왔다며 자신의 위치를 들려 주는데, 술래자가 나름 청각
을 이용하여 움직이게 할 수 있는 놀이다.

어디까지 왔나 놀이

- 별 하나 뚝딱 놀이

이것은 전래 동요를 부르며 몸 동작을 하는 놀이다. 가사는 이렇다.

별 하나 뚝딱 행주에 닦아 / 망태에 넣어 동문에 걸고

별 하나 뚝딱 행주에 닦아 / 망태에 넣어 서문에 걸고

별 하나 뚝딱 행주에 닦아 / 망태에 넣어 남문에 걸고

별 하나 뚝딱 행주에 닦아 / 망태에 넣어 북문에 걸고

별 하나 나 하나 / 별 둘 나 둘 / 별 셋 나 셋 / 별 넷 나 넷 /

별 다섯 나 다섯

① 가사에 따라 몸 동작을 할 때는 머리 위에 넓적한 콩주머니를
  얹어 놓고 시작한다.

② "별 하나 뚝딱"에서는 고개를 숙여 머리 위에 있던 콩주머니를
  아래로 떨구면서 두 손으로 잡는다.

③ "행주에 닦아"에서는 두 손으로 잡은 콩주머니를 비벼서 씻는
  모습을 취한다.

④ "망태에 넣어"에서는 두 손으로 콩주머니를 계속 왔다 갔다 하면서 잡고 던지고를 반복한다.

⑤ "동문에 걸고"에서는 손에 있던 콩주머니를 오른쪽 어깨 위로 올려놓는다. 그럼 1절이 끝나게 된다.

⑥ 그다음에는 머리가 아닌 오른쪽 어깨에 있던 콩주머니를 어깨를 숙여 아래로 떨구면서 두 손으로 잡고는 2절을 반복한다. 이때 새로운 점은 서문에서는 왼쪽 어깨, 남문에서는 두 팔을 오므린 상태에서의 중간 부분에 콩주머니를 올려놓고, 북문에서는 다시 머리 위로 콩주머니를 올려놓는 모습을 취한다.

⑦ 마지막 "별 하나 나 하나"에서는 콩주머니를 던지면서 박수 한 번, "별 둘 나 둘"에서는 다시 콩주머니를 머리 위로 던지면서 박수 두 번, ……, "별 다섯 나 다섯"에서는 콩주머니를 머리 위로 던지면서 박수 다섯 번을 치며 콩주머니를 던지고 받는다.

이 놀이들을 매일 다 하는 것이 아니라, 하루에 하나씩 차근차근 배우며 돌아가면서 한다. 그러다가 놀이에 능숙해지면, 하루 날을 잡아서 이 놀이 7개를 모두 한 번에 해 본다. 또는 중간 놀이 시간이나 학부모 공개 수업 때 시범 차원에서 배운 것을 보여 주어도 좋다.

별 하나 뚝딱 놀이

신변잡기식 놀이

이런 놀이뿐만 아니라 살아가면서 그때그때 임기응변식으로 또는 창의적으로 행해지는 놀이 형태가 있다. 생활 주변 공간과 물건이 모두 우리의 놀잇감이 될 수 있음을 보여 주는 대목이라고 하겠다.

• 문 열기 신공 놀이

학교 체육관은 지문 인식으로 열 수 있다. 따라서 학생들은 절대 열지 못한다. 체육 수업이 있는 날이면 아이들은 모여 있게 된다. 그때 내가 등장하면 장난스럽게 "문을 열어 주소서."라고 읍소한다. 그러면 나는 마치 중원 무림의 고수처럼 바람을 가르는 초식을 취하며 호흡을 길게 내쉬고는 손가락을 지문 인식기에 댄다. '철커덕' 하고 체육관 문이 열리면 아이들은 뻔한 것임에도 마치 『알리바바와 40인의 도둑』에 나오는 동굴이 열리는 것처럼 환호성을 지른다. 이것을 아이들은 '문 열기 신공'이라고 부른다.

문 열기 신공 놀이

- 체육관 취침 놀이

하루는 아이들이 체육 수업인데 너무 피곤하다면서 그냥 쉬면 안 되느냐고 요청했다. 쉴 바에는 확실히 쉬자는 취지로, 체육관에서 아예 잠을 자자고 역제안을 했더니 다들 난리가 났다. 자신들이 상상한 그 이상의 축복이 임했기 때문이다. 초등학교 시절 중 이런 놀이는 처음이라며 다들 난리 법석이다. 그때부터 자신들만의 잠자리를 만드느라 난리다. 높이뛰기 매트를 깔고 눕는 아이, 구르기 매트를 까는 아이, 유아용 스티로폼 뜀틀을 이용하여 베개를 만드는 아이, 구르기 매트 중 하나를 이불로 사용하는 아이 등 모두 제각각이다. 이 자그마한 배려로 그날 아이들은 역대 최고의 추억을 만들었다고 회고했다. 무엇보다 가장 인상적이고 기뻤던 것은 몇몇 아이들은 자신들의 잠자리뿐만 아니라 내 잠자리까지 만들어 주었다는 점이다. 이것이 교육의 보람이 아닐까 싶었다. 물론 교장 선생님과 교감 선생님이 아셨다면 정규 수업은 하지 않고 아이들하고 지금 뭐하는 짓이냐며 야단하셨을 것이 뻔하다. 그러나 그 속에는 이미 의견 제안에 따른 소통과 협의, 토론이라는 창체, 국어 교육, 의견을 수용하는 배려와 사랑이라는 인성 교육이 담겨 있다. 무엇보다

체육관 취침 놀이

의견 제시를 뛰어넘는 역발상적이면서 창발적인 아이템 창출이라는 창의력 역량 강화 교육을 이미 동시다발적으로 진행했다는 것을 누가 알까? 믿거나 말거나다.

• 유치원 바깥놀이

어느 초여름 아이들은 수업을 받다 갑자기 추억에 잠겼다. 수업이 좀 지루했나 싶어 이유를 물었더니 유치원 때 활동인 '바깥놀이'가 갑자기 생각난다는 것이다. 그냥 놀이터에서 마냥 노는

유치원 바깥놀이

놀이인데, 바깥놀이라고 칭한다고 한다. "그럼 그 추억을 느끼려 한번 나가 볼까요?" 순간 아이들이 놀랐다. 요청도 안 했는데 기회를 준 것에 감격하며, 마치 유치원 아이들이 놀 듯이 유아스럽게 노는데 참 애들은 애들이다 싶었다. '그래, 교육이 뭐 별건가? 아이들의 필요를 채워 주는 것이 교육 아니던가. 아이들을 행복하게 만들어 주는 것이 교육 아닌가.'

• 물풍선 놀이

무더운 여름이 찾아왔다. 더위에 아이들이 지쳐 가고 있었다. 그러면서 시원한 물놀이를 하면 안 되느냐는 제안을 했다. 딱히 계획된 것은 없었다. 그냥 아이들이 무조건 나가자고 하기에 수업 진도도 거의 나갔

물풍선 놀이

고 시간적 압박도 없어 부담 없이 나갔다. 그러다 갑자기 무턱대고 나가지 말고 연장을 준비해야 하지 않을까 하는 생각이 떠올랐다. 아이들 몰래 과학의 날 남아 있던 풍선을 챙겨 나갔다. 그러고는 제안을 했다. 물놀이는 물놀이인데 무작정하는 것보다 물풍선 놀이를 하면 어떻겠냐고? 다들 좋아서 또 한바탕 난리가 났다. 누가 먼저 풍선에 물을 채워서 물풍선을 총처럼 쏠 것인지 긴장이 감돌았다. 그러다 갑자기 아이들이 나를 총공격하는 것이 아닌가? 나도 뒤질세라 맹공을 퍼부었다. 여름철에 절대 빠질 수 없는 재미난 놀이 중 하나가 아닌가 싶다.

이외에도 신체 운동 지능과 함께 '놀이'면서 동시에 움직임 교육의 확장형이라고 할 수 있는 발도르프 교육의 일환인 서커스 활동을 2018년까지 3년 연속 지속적으로 실시했다.

C · P · E 원리에 바탕을 둔 움직임 교육(서커스)을 통해

만들어지는 새로운 행복 에너지 충전소

2016
2017
2018

함백초등학교

● CPE 트라이 앵글 꼭지점 협력체제 ●

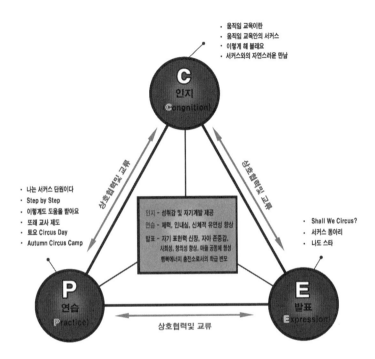

스카프 저글링

스피닝 플레이트

디아볼로

외발자전거

신동 읍민의 날 행사 참여

정선 아리랑 축제 참가

"C·P·E 트라이앵글 꼭지점 협력 체제"에서 무게 중심은 어느 한쪽으로 기울어지지 않고 세 변의 길이가 동일하다. 즉, 세 꼭지점이 정확히 형성되어 그 어떤 물리적 힘이 가해지더라도 모양과 틀이 절대로 무너지지 않고 견고히 세워 버티는 특징이 정삼각형과 서로 비슷하다. 움직임 교육을 함에 있어 가장 필수적인 세 요소는 인지(Cognition), 연습(Practice), 발표(Expression)다. 이 세 요소가 정삼각형의 세 꼭지점처럼 무게 중심이 어느 한쪽으로 쏠리지 않고 그 힘의 비례 또한 동일하게 작용되며 서로 유기적인 협력 체제까지 이룸으로써 끝내는 학생 개인별 성취감, 자기 계발, 자기 표현력, 감수성, 자아 존중감, 체력 증진, 창의 인성 함양이라는 목표를 이룬다는 의미에서, 본 교사가 자체적으로 창조한 창의적인 프로그램의 명칭이다.

움직임 교육도 함께

앞서 살펴본 '교육은 놀이다' 차원에서 진행했던 움직임 교육은 가르치고 알려 주고 지켜보는 입장이 아니다. 그 모든 활동 영역에 '함께' 동참해서 파트너가 되어 주기도 하고, 경쟁자가 되어 주기도 하는 모습을 보여 주었다. 그럴 때 아이들이 바라보는 교사는 자신과 다른 이질적인 존재가 아니라, 자신과 같은 동질감, 공감대를 형성하여 신뢰를 쌓을 수 있는 존재가 된다. 그것이 바로 '함께의 비밀'이 아닌가 싶다. 물론 이때 조심해야 할 점이 있다. 내 마음 편하자고 친구 같은 교사, 편한 교사를 했다가 나중에 돌이킬 수 없는 무질서한 학급으로 만들어서는 안된다는 것이다. 이 와중에도 단호함과 친절이 조화롭고 차분함과 침착함, 진중함이 곁들여진 부드러움의 교육은 계속되어야 한다.

'0교시 체육'을 아시나요 – 네이퍼빌 센트럴 고등학교

"학생들이 아침에 운동하면 더 피곤할 것 같죠? 그렇지 않습니다. 머리가 맑아져 공부가 잘 됩니다. '0교시 체육 수업'의 검증된 효과죠."

최근 생활 체육 현장에서 만난 우승호 한국뉴스포츠협회 사무처장의 말에 귀가 솔깃해졌다. "이런 게 있었냐."고 묻자 '그런 것도 몰랐냐'는 눈빛을 잠시 보이더니 친절하게 설명을 이어 갔다.

그의 말대로 인터넷을 뒤져 보니 관련 기사가 많았다. 대강의 내용은 이렇다. 2005년 미국 일리노이주 시카고에 있는 네이퍼빌 센트럴 고등학교에서는 0교시 체육 수업을 했다. 전교생에게 매일 정규 수업 시작 전 1마일(약 1.6km)을 달리게 한 것. 한 학기가 지나자 이 학교의 수학·과학 성취도 국제비교연구(TIMSS) 순위는 껑충 뛰었다. 읽기와 문장 이해력도 증가했다. 그 대신 과체중 학생 비율은 크게 낮아졌다. 뇌 과학 권위자인 미국 하버드대 의대 존 레이티 박사가 저서 『운동화 신은 뇌』에서 자신의 주장을 입증하는 사례로 든 것이 이 학교다.

뇌 과학의 발달로 운동이 신체뿐만 아니라 뇌 건강에도 큰 도움이 된다는 사실이 널리 알려졌다. 뇌가 건강해야 학습 능력과 인지 능력을 키우고 알츠하이머 같은 뇌 질환도 예방할 수 있다. 관련 연구에 따르면 운동은 뇌에 큰 자극을 준다. 이로 인해 뇌의 혈류량이 늘고 뇌 세포 수도 증가하여 건강하고 똑똑한 뇌가 된다는 것이다.

미국의 고교는 달리기를 했지만 꼭 그럴 필요는 없다. 우 사무처장은 "달리기가 대표적인 유산소 운동이지만 재미는 덜하다. 학생들의 적극적인 참여를 유도하기 위해서는 농구 같은 구기 종목도 무방하다. 중요한 점은 잠깐의 운동이 뇌와 신체를 깨운다는 것"이라고 말했다.

이런 내용이 소개된 2010년 이후 국내에서도 0교시 체육 수업을 도입하는 학교가 생겼다. 일부 시도교육청은 적극 권장하기도 했다. 하지만 반짝 관심은 점차 수그러들었다. 이유는 안 봐도 비디오다. 공부할 시간도 부족한데 운동을 시킨다는 이유로 일부 학부모가 반대했을 것이고, 시끄러운 게 싫은 학교장들이 그 의견을 받아들였을 것이다.

　최근 서울시의회 교육위원회가 고등학생 학원 교습 시간을 오후 11시까지로 1시간 연장하는 방안을 추진해서 논란이 되고 있다. 보건복지부 자료에 따르면 한국 청소년의 지난해 하루 학습 시간은 7시간 50분으로 경제협력개발기구(OECD) 국가 중 1위다. 영국(3시간 49분)의 두 배가 넘고, 같은 아시아권인 일본(5시간 21분)보다도 2시간 30분 가량 많다. 교습 시간이 연장되면 선진국은 꿈도 못 꿀 8시간 돌파도 가능하다.

　의자에 오래 앉아 있다고 성적이 오르진 않는다. 성장 호르몬이 다량 분비되는 시간에 억지로 수업을 듣게 하는 것보다 아침에 10분이라도 운동을 하는 게 여러모로 도움이 되지 않을까. 그래도 '아침부터 운동하면 공부할 힘이 없다'고 우기는 사람들이 있다면 일본 대부분의 학교가 실시하고 있는 '하루 10분 아침 독서 운동'도 괜찮을 것 같다.

출처: http://news.donga.com/3/all/20160602/78450014/1

[교사의 회복탄력성 프로젝트 12]

교육은 이벤트다

행동 수정 이론의 맹점을 채우다

선물 중에서도 딱히 한 것도 없는데 받게 되는 선물은 유난히 더 기분이 좋다. 무슨 조건이나 거래가 개입되지 않은 순수함이 있기 때문이다. 이렇듯 값없이 받는 선물에 따른 기쁨이 있다. 그리고 선물은 서프라이즈한 측면이 있다. 뜻밖에 받기 때문이다. 이때는 없던 힘도 생기게 하는 마력이 있다. 게다가 선물은 우울했던 기분도 상큼하게 바꾸는 비타민과 같은 것이다. 그러면서 나도 모르게 그 선물을 준 상대를 향해 더 잘해야겠다는 심리적 보답 효과도 나타난다. 그러한 선물의 개념을 교육에서도 잘 활용해야 할 것 같다. 그것이 바로 교육적 보상 개념이 아닌가 싶다. 그러한 차원에서 교육계에서는 행동 수정 이론이라는 이름으로 진행되는 것이 많다.

가장 대표적인 행동 수정 이론으로 정적 강화가 있다. 행동 수정에서 가장 널리 사용되는 방법이며, 바람직한 행동을 했을 때 그것을 보상하는 것이다. 예를 들어 발표를 잘하는 학생에게 상으로 간식 주기 등이 있다. 다음으로는 부적 강화다. 바람직한 행동을 할 때 내담자가 싫어하는 것을 제거해 주는 것이다. 예를 들어 숙제를 해 온 학생에게는 화장실 청소를 제외시켜 주는 것(혐오 자극 제거) 등이 있다. 끝으로 토큰 경제가 있다. 바람직한 행동을 할 때 물질적·사회적 보상을 함으로써 목표 행동 빈도수를 높이는 방법이다.

그러나 나에게 보상의 의미는 좀 다르다. 앞서 살펴본 대로 "교육이란 인간 행동의 계획적인 변화"라는 정의를 보자. 맞다. '계획적'이지만 그 틀과 프레임에 갇히지 말아야 하는 것 중 하나가 바로 '보상'이라는 측면이 아닌가 싶다. 특히나 이 행동 수정 이론의 시초가 동물을 대상으로 한 S−R 이론에 근거한 데다 '조건'이라는 거래 개념이 포함된 이해타산적인 목적성을 띠고 있다는 측면이 거부감을 갖게 되는 부분이다. 그것보다는 선물의 의미 그대로 값없이 마음을 담아 전하여 그것만으로도 행복감을 느낄 수 있게 하는 그러한 선물(보상)을 주고픈 마음이 있었다.

내가 추구하는 보상은 그렇게 의도적이고 계획적이지 않다. 그리고 무엇보다 거창하지도 않다. 아주 소소한 일상적인 것들이 꽤 있었다. 하루는 아이들이 너무 사랑스러워 뭘 주고 싶었다. 2교시 끝나고 30여 분의 중간 놀이 중 아이들이 배고플 것 같아 얼른 관사로 달려가서 튀긴

4월 미션 성공 파티

5월 미션 성공 파티(치킨)

아이들의 뜬금없는 방문

쌀로 만든 강정을 가져왔다. 그것을 먹으며 교실에서 삼삼오오 모여 중간 놀이 시간을 보내는 아이들의 모습이 어찌나 이쁘던지. 선물은 나름 이렇게 비계획적이고 비의도적이지만, 진심 어린 마음을 담아 주는 것이 더 좋지 않을까 싶다. 물론 2017년에는 아이들에게 다양하게, 자주

간식을 사 주고 싶은 마음에 일부러 교육청에서 주최하는 "행복교실 프로젝트"에 응모하기도 했다. 다행히 선발되어 70여만 원의 예산을 얻어 매달 보상 차원의 이벤트를 열어 주었다. 그것이 아이들을 향한 교사의 소박한 마음이 아닌가 싶다.

: 15 :

[교사중심교육과정 프로젝트 01]

교육은 삶이다

교사란

　지금까지의 모든 교육적 측면을 고려해 본다면, 특히 '변화'라는 측면에 방점을 찍어 본다면 어렵지 않게 한마디로 정의할 수 있겠다. 다름 아닌 "선생님은 살아 있는 교육과정"이라고 말이다. 풀어서 설명하면 교사 자체가 시청각 자료가 되는 존재, 그야말로 모델이 되는 것이다. 아이들은 '보고 배우기' 때문이다. 그렇기에 언행 불일치는 썩어 없어지고 흩어져 버리는 지식으로 전락된다. 그야말로 단순 지식 전달자밖에는 되지 않는 것이다. 참된 교육의 정의인 이런 '변화'에 대한 중요성을 깨닫기 전인 2006년에 개인적으로 처절한 진통의 과정이 하나 있었다. 아이들 생활 지도에 있어 심각한 문제점으로 드러난 '분냄, 화냄, 감정적 책망'이었다. 그러한 문제에 대한 스스로의 성찰이 극에 달했던 시기, 그 문제를 정확히 직면하고 실제적인 도전을 했던 적이 있었다. 그 모든 문제가 결국은 '나에게만 집중되어 있던 내 감정, 내 느낌, 내 생각에 몰두된 결과'임을 깨닫고, 나부터 변해야 한다는 절박함에 '나 버리기, 나 내려놓기, 나에 대한 철저한 굴복'을 하는 과정을 겪었다. 그때 기억이 생생하다. 예전 모습을 버리고 내 멋대로의 중심을 철저히 깨뜨리자 심장이 터질 것 같고 온몸이 떨려오기 시작했다. 내 삶의 변화가 시작되었던 셈이다. 그리고 끝내는 성공에 이르렀다. 분냄, 화냄, 짜증이 줄어들기 시작한 것이다. 그러자 아이들도 변화하기 시작했다.

교사는 살아 있는 교육과정이다

그 가운데 『선생님은 살아 있는 교육과정이다』(김용근, 2014)라는 책을 접했다. 공교육 최초로 발도르프 교육과정을 실시했던 강원도 공현진 초등학교의 교감이었던 김용근 선생님이 쓴 책이다. 발도르프 교육에 대한 저자의 연구와 경험이 오롯이 담겨 있다. 교육에 대한 진지한 고민을 하고 있던 나에게 제목 자체부터 강렬했다. 지식 전달자, 교육 프로그램 진행자로서 교사에만 머물러 있던 나에게 아이들의 삶을 변화시킬 수 있는 모델로 서야 한다는 말은 많은 고민을 안겨다 주었다. 교육의 한 단면인 '변화'라는 키워드와 관련해서 교사는 어떤 포지션을 취해야 하며, 어떤 역할을 해야 하는지에 대한 해답을 주는 제목이었다.

그렇다. 변화를 추구하는 교육에서 그 어떤 것보다 중요하게 작용하는 것은 바로 실제 삶을 보여 주는 교사다. 그야말로 살아 있는 교육과정이 되어야 하는 교사에 대한 역할은 깊이 생각해야 할 영역이었다. 앞으로 내가 계속 추구하고 꿈꾸어야 할 변화를 바라는 교사라는 목표가 생겼다는 확신이 들었다. 그렇다. 변화를 가능하게 하는 교육을 위해 그것을 삶으로 보여 줄 수 있는 교사야말로 참된 교육의 한 단면이지 않을까.

[교사중심교육과정 프로젝트 02]
교육은 모델이다

교육은 교사의 질을 뛰어넘지 못한다(feat. 교사 교육과정)

아이들은 인격적으로 아직 미성숙하다. 완전체가 아니다. 어른들도 부족한 부분이 많은데 성찰적인 삶의 경험이 부족한 아이들이야 오죽하겠는가? 그러한 아이들에게 가장 중요한 것은 무엇일까? 그렇다. 모델이다. 모델링이 중요한 것이다. 한국은행에서 위조지폐를 감별하는 감별사가 받는 훈련에 대해 들은 적이 있다. 그들은 위조지폐의 모양을 배우는 것이 아니라, 원본 지폐가 어떻게 생겼는지 계속해서 아주 자세히 보고 배우고 훈련한다고 한다. 그렇게 해서 원본 지폐를 완전히 파악하면 만지기만 해도 위조 지폐를 판별할 수 있게 된다.

눈을 가린 채 감칠맛이 강한 조미료가 들어간 음식과 재료 본연의

맛을 살린 전통 궁중 음식 중 더 맛있는 것을 선택하라고 하면 100이면 100 모두 조미료가 들어간 음식을 선택한다고 한다. 우리 미각이 조미료가 들어간 감칠맛에 길들여져 있기 때문이다. 하지만 건강식인 궁중 음식을 한 달 정도 먹게 하면 미각이 놀랍게 변한다고 한다. 조미료가 들어간 음식을 전혀 입에도 대지 못하고, 먹기도 싫어한다는 것이다. "교육의 변화는 교육과정, 수업, 평가를 깊이 있게 연구하고 성찰하는 교사로부터 시작되어 교실에서 완성된다."(『교사 교육과정을 DIY하라』, 김현우, 2020)

대부분의 교사는 자신의 가르침이 평생토록 아이들의 생각과 인격, 말과 행동에 영향을 줄 수 있다는 사실을 무겁게 받아들이지 않는 것 같다. 교사가 의도했든 그렇지 않든 아이들에게 영향을 미치는 교사에게서 비롯된 교육 활동 전반을 아울러 '교사 교육과정'이라고 볼 수 있는데, '교사 교육과정'은 아이들의 배움과 삶을 가꾸는 데 결정적인 역할을 한다. 또 교사 교육과정은 아이들의 앎과 삶에 깊이 스며든다.

그러한 관점에서 미성숙한 우리 아이들에게 교사는 살아 있는 교육과정이 되어야 한다. 모델이 되어야 한다. 그것도 참된 모델 말이다. 교사의 역할이 참으로 중요함을 새삼 실감한다.

: 17 :

교육은 공감이다

마음 들어가기

담임 선생님이 출장을 간다고 하면 거의 모든 아이가 환호성을 지른다. 우리 담탱이와 그날 하루만큼은 이별할 수 있다는 기쁨과 감격의 환호성이라고나 할까? 이것이 오늘날 교실 풍경의 한 단면이 아닐까 싶다.

그런데 우리 반 아이들은 내가 출장을 간다고 하면 무척이나 싫어했다. 내가 출장을 간 사이 그날 하루 우리 반을 맡아 준 도움반 선생님 (우리 아이들을 무려 4년이나 지켜보았던 선생님)이 깜짝 놀라셨다. 아이들이 힘이 하나도 없고 다들 풀이 죽어 있었단다. 점심 때 이유를 물으니 모두들 "우리 선생님이 보고 싶어요."라고 말했단다. 도움반 선생님은 속으로 '이것들이 미쳤나. 왜 이래'라고 생각했단다.

도움반 선생님이 놀란 또 다른 이유는 그렇게 대답한 아이들이 대부분 남자아이였기 때문이다. 무슨 일이 벌어진 것일까? 교직 경력 10여 년 만에 이런 학급은 처음 보았단다. 게다가 도움반 선생님 남편(옆 학교 초등교사)은 우리 학교에 왔다가 우리 반 아이 1명이 나를 두 팔 벌려 안는 모습에 엄청난 문화 충격을 받았다고 한다. 자신은 한번도 경험하지 못한 모습이기 때문이다. 도움반 선생님은 내게 어떻게 아이들의 마음을 얻을 수 있었냐고 물었다. 내 대답은 하나였다. "아이들의 마음에 들어간 결과가 아닐까 싶어요." 아이들에게 "제가 좋아요? 그럼 왜 제가 좋아요?"라고 물었더니 대답이 한결 같았다. 자신들의 마음에 들어온 유일한 선생님이란다. 그래서 좋단다. 물론 화를 낸 적도 없고, 항상 부드럽게 해 준 것도 한몫 했단다. 결국 교육은 프로그램의 문제가 아닌 관계의 문제임이 더더욱 명확해지는 순간이다. 그리고 교육은 사람과 사람의 이야기다. 그것은 곧 마음과 마음의 문제라는 것이다. 교육에서 마음이 빠진다면 그것은 교육이 아니다. 진정한 교육의 승부수는 바로 서로의 마음에 진정으로 들어가는 것이 아닐까.

[교사중심교육과정 프로젝트 04]
교육은 광산업이다

아주 깊숙한 산골짜기에 누구에게도 발견되지 않은 600년 묵은 산삼을 캐려고 힘들게 갔는데, 결국 발견하지 못하고 허탕만 친다면 그것만큼 허무한 것이 또 어디 있을까? 그러나 진정한 심마니라면 꼭 산삼을 발견하겠다는 굳은 의지와 함께 깊은 산중에서도 산삼을 발견해 내는 예리한 눈썰미가 필요할 것이다.

그렇듯 교육과 교사도 깊은 산골짜기에 숨어 아직 어느 누구에게도 발견되지 않은 600년 묵은 산삼 같은 아이들을 찾아내는 심마니와 같다. 자신조차 진귀한 존재인지 모르는 아이들에게 자신이 얼마나 소중하고 귀한 존재인지 깨우쳐 주는 것이 교사가 할 역할이다.

: 19 :

[교사중심교육과정 프로젝트 05]

교육은 보석 가공업이다

아무리 대단한 원석을 발견했다고 하더라도 그냥 방치한다면 그것의 가치를 제대로 인정받을 수 있을까? 절대 아니다. 어떻게 다듬느냐에 따라 별 볼 일 없어 보이는 원석도 수천수만의 가치를 지닌 보석으로 탈바꿈할 수 있다. 바로 보석 가공업자의 숙련된 솜씨에 따라 가치가 달라지는 것이다.

원석을 최대한 훼손하지 않으면서 아직 드러나지 않은 그 이상의 가치를 발현시키는 능숙한 보석 가공업자가 바로 교사가 아닌가 싶다. 따라서 교사도 전문직이라는 소리를 들어야 하는 것이 마땅하다. 그리고 전문직이라는 책임에 걸맞은 자기 계발과 끊임없는 연구, 특별히 자신의 변화를 위한 노력이 부단히 이어져야 하지 않을까 싶다.

: 20 :

[교사중심교육과정 프로젝트 06]

교육은 오케스트라다

특히 교사는 오케스트라의 지휘자와 같다는 생각을 많이 한다. 학급 전체의 숲을 볼 줄 아는 식견이 필요할 듯싶다. 전체적인 학급에서 부족하고 결여된 부분은 없는지 전체적으로 상황을 파악하고, 어디에서 어떤 문제 상황들이 전개되고 있는지 알고 있어야 한다. 무엇보다 아이들 각자의 상황에 대한 파악이 그 어떤 것보다 필요하다. 다시 말해 낮아진 부분은 크레셴도(crescendo)처럼 점차 올려 주고, 너무 올라간 부분은 데크레셴도(decrescendo)처럼 점진적으로 내려 주어야 한다. 또 임팩트 있게 때려 주어야 하는 부분은 포르테(forte)처럼 강하게 한 번 쳐 주고, 모두가 잠잠해야 할 때는 피아니시모(pianissimo)처럼 부드럽고 잔잔하게 연주할 수 있도록 하는 지휘자가 바로 교사다. 그렇기에 교육은 참으로 웅장한 오케스트라와 같다고 감히 말하고 싶다. 특히 아이들이 내 움직임을 보고 하나하나 쫓아오는 모습은 마치 오케스트라 연주를 하는 것 같은 착각을 불러일으키기에 충분하다. 그러한 유기적이고 하나 된 공동체적인 학급을 만들 줄 안다면, 그 학급은 성공한 것이 아닐까?

: 21 :

[교사중심교육과정 프로젝트 07]

교육은 양육이다

교육은 양육이다. 내가 맡고 섬기고 있는 아이들이 어떻게 내 앞까지 다가왔는지 그 과정에 대해 많이 묵상해 본다. 엄마 아빠의 사랑의 결실이다. 너무나 존귀한 존재라는 것이 가장 큰 관점이 아닌가 싶다. 그렇기에 부모는 아니지만 부모 수준에 준하는 사랑과 관심으로 아이들을 대하는 것이 마땅하다. 그 대표적인 예가 덴마크 교육이 아닌가 싶다. 아이들은 학교와 가정을 동일하게 본다고 한다. 교사가 자신들의 자식 이상으로 아이들을 대해 주는 사랑이 넘치는 곳이 바로 덴마크의 교육 현장이란다(『우리도 행복할 수 있을까』, 오연호, 2014). 부러워하지만 말고 우리 역시 그 이상의 교육 현장으로 만들어 나가야 하지 않을까 싶다.

: 22 :

[21세기 인재상 프로젝트 01]
생활 밀착형 인성 교육을 실천하다

21세기 인재상을 고민하다: 인성이 곧 실력

"교육의 근본 목표는 인성입니다. 인성이 실력입니다."

수십 년간 국내외 교육 경험에서 우러나온 통찰과 과학적 근거를 바탕으로 효과적인 인성 교육의 장을 펼친 인성 교육 분야의 석학 조벽 교수가 전하는 내용이다. 사실 인성 교육의 중요성은 그리 특별할 것도 없다. 인성 교육은 우리나라에서 줄곧 언급한 영역이기 때문이다. 교육이라는 것 자체가 본래 인성 교육을 빼놓고는 이야기할 수 없는 분야이기도 하다. 그럼에도 인성 교육은 뒷전인 채 모두 국어와 영어, 수학, 사회, 과학 교육에만 초점을 맞추고 있어 문제다. 그 결과는 참혹하다.

"단기적으로 국·영·수·사·과의 실력은 세계 최고 수준에 달했을지 모르지만 인성은 밑바닥 수준에 머물러 있는 것이 지금의 현실입니다. 장기적으로 보면 이런 상황은 한국의 온갖 갑질과 비리, 부정부패, 학교 폭력, 가정 폭력과도 연결되어 있어요. 인성이라는 것은 단순히 예의 바르고, 정직하다는 의미를 뛰어넘는 훨씬 더 큰 개념입니다. 인성 교육이 잘 이루어지지 않으면 사회 전체가 무너질 수 있어요."라며 우려의 목소리를 낸다. 한마디로 인성이 나쁘면 속칭 폭망한다는 것이다. 그야말로 사상누각이 된다는 것이다.

마크 저커버그부터 오프라 윈프리까지 오늘날 성공했다는 사람들의 공통점을 보면 자신의 이익을 넘어 타인과 세상을 위해 의미 있는 일을 하고 있다는 것이다. 21세기에는 무엇보다 타인과 더불어 새로운 가치를 만들어 내는 의미의 성공이 중요해졌다. 자신을 조율하고 타인과 함께 살아갈 수 있는 기초 능력인 인성 교육이 절실한 시기가 온 것이다.

협력과 집단 지성이 중요해진 근래에는 성공의 의미가 달라졌다. 남을 밟고 올라서는 성공이 아닌 서로 협력해서 다 함께 높은 곳을 향해 나아가는 것이 진정한 성공이라고 생각한다. 이때 인성은 성공과 행복의 주된 밑거름이 된다.

그러나 아이러니하게도 우리나라 아이들은 맹목적인 입시 경쟁과 어른들의 이기심, 점차 무너지고 있는 전통 가정 환경 속에서 인성 교육을 등한시하고 있다. 국어와 영어, 수학, 사회, 과학 점수는 세계 최고이지만 사회성과 협동심 등 인성 관련 지수는 세계 최하위라는 PISA(국제학업성취도평가) 결과가 이런 국내 교육 현실을 적나라하게 보여 준다. 학교 폭력과 자살률 증가 등으로 아이들의 인성 회복이 시급함을 절감한 사람들이 세계 최초로 인성교육진흥법(2014년 12월 국회 통과, 2015년 7월 21일부터 시작된 인성 교육을 의무로 규정한 세계 최초의 법)을 시행했지만, 정작 교육 현장에서는 인성 교육의 개념조차 잡지 못하고 혼란에 빠져 있다.

최근 들어 학교 현장에서 빈번히 발생되는 학교 폭력, 왕따, 자살 등 여러 가지 부정적 현상들은 인성 교육의 필요성을 더더욱 부각시킨다. 문제는 시대가 흐를수록 더욱 악화되고 있다는 것이다. 비리나 부정부패는 물론 군대에서는 관심사병이 큰 골칫거리가 되고 있으며, 고령화 시대에 자식이 더 이상 부모를 부양하려고 하지 않는 현상도 사회적 문제로 떠오르고 있다. 왜 이런 일이 벌어졌을까? 모두 인성 교육의 부재가 낳은 결과인 것이다. 또 근래의 가족 해체 및 맞벌이 부부의 꾸준한 증가는 자녀 인성 교육에 대한 가정의 역할과 기능을 상실시켰다. 그렇기에 긍정적인 자아 형성과 공동체적 삶의 영위에 필요한 역량과 태도, 행동을 길러 주는 학교의 역할과 기능이 그 어느 때보다도 시급히 요구된다. 이런 시점에서 학생들의 교육을 직접 담당하는 교사들의 학생 인성 교육에 대한 전문성과 지도 역량도 절실히 요구되고 있다.

집중 배양할 인성 덕목

그렇다면 인성 교육의 방향성 차원에서 실제로 집중해야 할 인성 덕목은 무엇일까? 즉, 어떤 측면의 인성적인 요소로 접근을 해야 할까? 3율(자기 조율, 관계 조율, 공익 조율)6행(자율인, 합리, 긍정심, 감정코칭, 입지, 어른십),

정약용책배소(정직, 약속, 용서, 책임, 배려, 소유), 10대 덕목(1. 정직 2. 책임 3. 긍정/자기 이해 4. 자율 5. 예절 6. 존중/다문화 7. 공감 8. 소통 9. 민주시민 10. 세계시민) 외에도 개인의 내면을 바르고 건전하게 가꾸고 타인, 공동체, 자연과 더불어 살아가는 데 필요한 인간다운 성품과 역량으로 구분된 인성 요소 등 다양하게 열거할 수 있다.

그러나 남의 것을 따라 하는 데는 한계가 있다는 생각이 들었다. 생각의 방향을 전환했다. 변화, 인성 등 구체적 내용들을 고민하기 시작했다. 아무리 생각해도 나에게 맞지 않는 옷을 입는 것만큼 어색하고 답답하고 힘든 것이 없었다. 가식을 내려놓자는 생각이 들었다.

그러던 어느 날 떠오른 생각 하나가 뇌리를 강타했다. 지금 누굴 보고, 누굴 모방하고, 누굴 따라 하는가? 그보다는 '교육은 모델링이다'는 차원에서 다른 누구도 아닌 내가 쉽게 접근할 수 있는 인성적 요소, 즉 내가 쉽게 가르칠 수 있고 과감하게 제시할 수 있는 인성적 요소로 다가가자고 생각했다. 그 생각 끝에 다다른 곳은 다름 아닌 나의 변화라는 측면이었다.

무슨 말인가? 메뚜기, 땡돌이, 교직 부적응자, 무능력자였던 나다. 한마디로 인성적 차원에서 나락으로 떨어진 아이들과 내가 다를 것이 뭐가 있겠는가? 그랬던 내가 대한민국 최고의 교육상을 받는 이변을 일으켰다. 그렇다. 그 변화의 주체가 되었던 내가 보였다.

다른 것이 아니었다. 앞서 짚은 대로였다. 먼저 내 생각에만 빠져 있던 나를, 자기애가 지나치게 과했던 나를 내려놓는 싸움이 있었다. 일명 '나 내려놓기'. 그리고 또 싸워 나갔다. 내가 접근하기 싫어했고 부담스러워 했던 영역을 향한 도전과 응전의 삶이었다.

그렇다. '도전'적인 삶. 그리고 그러한 삶의 여정에서 부딪혔던 게 으름과 나태함의 치열한 싸움인 '성실'이라는 영역. 그 가운데 독주하고 독선적이 아닌 주변을 돌아볼 줄 아는 시선 처리와 숲을 보는 혜안. 일명 '인격적 예리함, 예민함'. 더 나아가 세상은 혼자 사는 것이 아니기에 함께 사는 세상 속에서 필요하고 요구되는 실제적인 '배려', '나눔'. 그러나 반대급부로 존재하는 치열한 경쟁 사회에서 살아남아야 하는 치열한 삶. 적절한 '거룩한 경쟁력'. 그러나 끝내는 사람과 사람의 관계와 마음을 나누는 가운데 가장 중요할 수 있는 관계 형성의 핵인 상대방 '마음 들어가기'. 그리고 상대방 마음을 감동시키는 '감동' 영역까지.

내 삶과 연관 지어 정리해 보니, 아이들과 같이 고민하고 노력할 인성적 요소, 덕목이 그렇게 어려운 것만은 아니었다. 남의 옷이 아닌 내게 맞는 옷을 찾았다는 생각이 들었다. 그러한 역량들을 중심으로 3년에 걸쳐 아이들과 함께하게 되었다. 물론 그렇다고 해서 2015 개정교육과정에서 말하고 있는 4차 혁명 시대의 창의 융합 인재 역량인 자기 관리, 지식 정보 처리, 창의적 사고, 심미적 감성, 의사소통, 공동체 역량을 간과하고 무시하는 것은 아니다. 내가 추구하고자 했던 인성 요소, 덕목들을 살펴보면 창의 융합 인재 역량과 결코 동떨어진 것이 아니라 철저히 결부된다.

사제동행, 생활 밀착형 인성 교육

그렇다면 그에 따른 실제적인 인성 교육 실천은 어떻게 해야 할까? 그것 역시 나와 어울리지 않는 아카데믹하고 이론적인 것을 살펴보고 싶은 생각은 없었다. 인성 교육의 실제적인 실천 방법은 어렵지 않게 찾았다. 사제동행이라는 우리 옛 선현의 말 그대로였다. 대략 8시 20분부터 오후 5시까지 무려 9시간 이상을 아이 컨택(eye contact)하고 있는 아이들과 나의 삶은 떼려야 뗄 수 없는 사이다. 관계성을 발판으로 나아가야겠다고 생각했다.

사실 지금껏 추구해 왔던 기존의 인성 교육 패턴은 무엇이었는가? 나와 동떨어진 예화, 너무 추상적인 이야기들, 나에게 일어난 적도 없고 일어날 것 같지 않은 동화 같은 상황들을 바탕으로 인성 덕목을 만들어 내고 그것을 풀어 나갔던 것이 아닐까? 아이들 가슴에 공허함과 메아리만 남는 교육은 교육이 아니다. 인성 교육을 가장한 또 다른 주입식 교육, 지식 교육에 불과하다. 그래서는 변하지 않는다. 변할 수 없다.

그 가운데 실제로 경험하게 되었다. 우리 아이들에게 와닿는 교육, 실제적인 교육이 되어야 하지 않겠는가? 아이들과 아침 8시 30분 이후부터 방과후 3시까지 아이 컨택을 하며 한시도 떨어지지 않는 생활 자체가 인성 교육의 장이 될 수 있겠구나 싶었다. 그야말로 사제동행형이자 생활 밀착형 인성 교육이다. 아니나 다를까? 적중했다. 생활과 밀착된 소재들을 바탕으로 하게 되는 생활 밀착형 인성 교육이 바로 그것이었다.

우리 반 아이들을 대하는 교사의 말투, 태도 자체가 인성 교육의 첫걸음이다

'교육은 부드러움이다'에서 이미 언급했듯이 교사의 말투는 너무나 중요하다. 인성 교육 차원에서 교사는 최대한 부드럽고 조용한 말투로 그 어떤 것도 편애하지 않고 일관성 있고 신뢰성 있는 태도로 아이들을 대해야 한다. 사제동행, 생활 밀착형 인성 교육에 있어 교사의 역할이 가장 크다고 할 수 있다. 교사의 말투와 태도를 통한 신뢰 관계가 형성되지 않고서는 그 이후에 이어지는 그 어떤 인성 교육도 적용하기가 쉽지 않을 것이다. 첫 단추인 시작점을 잘해야 한다.

아침 활동부터 시작되는 인성 교육 때 사용하는 말들

• 아침 첫 만남에서 갖는 악수 인사

상대방을 보고도 그냥 지나치는 사람과 적극적인 자세로 인사하고자 하는 사람의 마인드는 천지 차이입니다. 이 세상을 살아 나갈 때 그 누구보다 먼저 다가가는 사람이 더더욱 인정받는 모습이 될 것입니다. 그러한 적극성, 진취적인 자세를 갖출 수 있도록 노력해 봅시다. 그리고 상대방의 눈을 정감 어리게 보는 것 자체가 배려입니다. 상대방의 눈을 보며 인사해 봅시다.

- 운동장에서 뛰는 활동

다 같이 함께 뛸 때 앞사람의 발을 잘 보시길 바랍니다. 어떤 사람들은 뛰면서 앞사람 뒤꿈치를 밟는 사람이 있는데, 그 사람은 주변을 보지 못하는 사람입니다. 세심함, 예민함이 부족한 사람입니다. 더불어 배려가 부족한 사람입니다. 그 결과는 상대방에게 피해까지 주게 됩니다. 안 됩니다. 뛰면서도 훈련이 되길 바랍니다. 상대에 대한 세심한 배려. 그것이 어렸을 때부터 습관이 되어야 합니다. 이 세상은 나 혼자만 사는 곳이 아닙니다. 더불어 살 줄 아는 사람이 능력자입니다. 인성이 실력입니다. 뛰면서도 우리의 인성적인 측면에 대한 훈련이 필요하다고 생각합니다. 생각하고, 사고하는 습관도 기르도록 합시다.

- 반원 만들기

자, 선생님 주변으로 반원을 만들어 봅시다. 어떻게 하면 반원을 예쁘게 만들 수 있을까요? 누구는 들어가고, 누구는 한 발자국 앞으로 나와 주어야 합니다. 그러한 전체적인 상황을 볼 수 있는 눈을 키워 봅시다. 그리고 누군가는 그러한 제안을 해 주어야 하는데 그 제안을 할 수 있는 사람이 용기 있는 사람입니다. 그리고 그 용기를 발휘함에 있어서도 중요한 것은 상대방의 기분이겠죠? 어떻게 보면 지적이 될 수 있는데, 어떻게 하면 상대방이 기분 나쁘지 않는 지적이 될 수 있을까요? 그에 따른 손짓과 말투를 어떻게 하면 상대방이 마음 상하지 않으면서 수긍할 수 있을까요?

• 아침 활동 마무리

조용히 차분하게 눈을 감고 마음의 평정을 찾읍시다. 어떤 당황스럽고 흥분되는 상황에 감정만 앞세우기 전에 먼저 냉철한 이성을 갖추길 바랍니다.

움직임 활동에서 인성 교육

• 숫자 7 놀이

숫자 7 놀이? 그 어떤 것보다 상대방의 손 방향을 잘 봐야겠죠? 그만큼 정신을 바짝 차려야 합니다. 이 세상을 살아갈 때도 정신 못 차리면 자신이 해야 할 차례에 하지 못해 벌칙으로 힘들게 또 운동장을 뛰어야 하는 것처럼 한순간에 훅 가는 수가 있어요. 그리고 옆사람이 무슨 숫자를 부르는지 잘 보세요. 상대방에 대한 관심이며, 집중력의 문제입니다. 그러한 관심과 집중력 훈련을 해 봅시다.

• 발 리듬 놀이

처음에는 천천히 합니다. 그러다 리더에 의해 빨라집니다. 언제, 어느 시점에 빨라지는지 그 변화를 볼 줄 아는 것이 능력입니다. 자기에게 빠져 있고 집중되어 있는 사람은 그 변화와 물결, 흐름을 보지 못합니다. 그러다 결국은 곁길로 가게 됩니다. 여러분 정신 바짝 차리고 상대방, 친구의 모습을 잘 지켜보세요. 그들에게서 변화를 직감하시고, 느껴 보시길 바랍니다. 주의 깊은 사람이 되시길 바랍니다.

• 콩주머니 놀이

콩주머니를 던질 때 가장 중요한 것은 상대방이 어떻게 하면 잘 받을 수 있게 주느냐의 문제입니다. 그것이 바로 배려입니다. 이 콩주머니 활동 하나에서도 우리는 배우고 깨달아야 합니다. 나만 잘 받으면 되겠지가 아니라, 관건은 상대방이 어떻게 하면 내가 던져 주는 콩주머니를 편안하게 잘 받을 수 있을 것인가에 대한 고민을 하는 사람. 그 사람이 진정한 배려자이며, 리더입니다.

이외에도 가정 통신문을 제출할 때의 태도, 창문 여닫기, 교실 문 여닫기, 친구들과 함께 지내는 중간 놀이 시간, 점심시간, 복도 통행, 교실에서 말소리, 선생님의 심부름을 대하는 태도 등 학급 생활 하나하나가 인성 교육의 재료가 될 수 있고, 생활 밀착형 인성 교육의 장이 될 수 있음을 기억하자.

그리고 교사들 스스로가 생활 속에서 인성 교육 훈화 자료를 창의적으로 구성해 보는 노력을 할 필요가 있다. 아이들의 삶과는 실제적인 연관성이 떨어지는 어떤 자료를 보고 흉내만 내기보다 아이들의 삶과 직결된 다양한 실제적인 내용으로 인성 교육에 접근하는 노력이 필요할 것이다. 그것이 아이들에게는 가장 실제적으로 와닿는 내용이 될 것이 분명하기 때문이다.

물론 잔소리와 인성 교육은 다르다. 지적질과 인성 교육은 다르다. 문제 제기만 하고 지적으로 끝나는 것은 인성 교육이 아니다. 인성 교육을 빙자한 그야말로 잔소리, 지적에 불과하다. 아이들에게는 또 하나의 상처만 될 뿐이다. 그러한 패턴이 아니라 생활 속에서 인성적인 요소를 발견하되, 그것이 어떤 인성 측면인지 설명하여 강조하는 것이 중요하다.

훈화를 함에 있어 칭찬 교육, 모델링 교육과 연계하여 인성 측면에서 두각을 나타내는 아이를 찾아내고 잘하는 측면을 계속 부각시켜 어떤 점이 잘되고 있는지 알려 주는 것이 필요하다. 그리고 다른 아이들에게는 모델을 제시하여 긍정적인 자극을 주는 방법으로 나가는 것이 가장 중요할 듯싶다.

23

[21세기 인재상 프로젝트 02]

교과 연계형 인성 교육을 실천하다

교과 연계 인성 교육

인성 교육은 사제동행식, 생활 밀착형으로도 충분히 가능하다. 아이들 생활 공간인 학급 활동에서 교육 자료는 쉽게 구할 수 있기 때문이다. 내가 가르치는 아이만 잘 살펴보아도 이야깃거리가 되기 때문이다. 생활 밀착형 인성 교육은 그리 멀리 있지 않다. 즉, 모든 것이 어렵지 않게 생활 밀착형 인성 교육의 발판이 되는 셈이다.

사제동행식, 생활 밀착형 인성 교육과 맞물려 학교 생활 가운데 가장 핵심적인 측면은 다름 아닌 교과 수업이다. 그렇다면 그다음으로 이어질 수 있는 것은 무엇일까? 교과 연계형 인성 교육이다. 그것 역시도 그렇게 계획적이고 주도면밀하고 아카데믹할 이유가 없다. 교과에 담겨진 모든 내용에서 인성 교육과 연관성, 즉 연결 고리만 찾으면 인성 교육의 화두가 충분히 될 수 있다. 아이들과 충분히 공감되고 함께 나눌 수 있는 인성 교육의 테마가 될 수 있다는 것이다. 이제 더 이상 아이들의 삶과 동떨어진 맥락 없는 인성 교육은 중단해야 한다. 철저히 아이들의 삶, 생활과 밀착되고 관계 있는 내용들로 제시해야 한다.

국어 수업에서 인성 교육 예시

단원: 6학년 1학기 1단원 비유적 표현 6~7차시
학습 주제: 비유적 표현을 생각하며 이야기를 읽고 글의 내용 요약하기

개관은 위와 같다. 그러나 관건은 국어 수업 내용이 중요하다. 국어 수업 내용을 살펴보면 폐지를 줍는 할머니, 일명 '종이 할머니'가 등장한다. 물론 이 수업의 핵심은 등장인물이 아니라, 우주 호텔이라는 내용 안에서 비유적 표현을 찾는 것이다. 그러나 나는 등장인물, 캐릭터에 집중한다. 폐지 하나라도 떨어질까 봐 전전긍긍하는 할머니. 그리고 구하고자 하는 폐지가 어디 없나 하며 '땅'만 쳐다보고 가시는 할머니. 그래서 어느 순간부터는 "하늘을 쳐다보는 일이 줄어들었지."라고 설명하고 있는 할머니. 그렇게 폐지와 삶이 온통 자기에게만 도취되어 있는, 우리가 말하고자 하는 '자기애'에 빠져 계신 할머니. 그 결과, 언제인지는 모르지만 갑자기 그 동네에 나타난 눈빛은 뿌연 안개 같고 눈에 혹이 나 섬뜩하고 소름이 끼친다고 표현하는 그 불쌍한 할머니를 밀치고 함부로 대하는 할머니. 도대체 왜 이런 모습을 보이고 계시는 것일까? 그것을 "멧돼지 같은 인생"이라는 주제로 우리 반 아이들과 같이 이야기를 나누었다.

— 이 할머니의 이런 모습이 보기 좋나요?

— 아니요.

— 이 할머니는 왜 이렇게 못된 분이 되신 것일까요?

— 폐지를 많이 줍고 싶은 욕심 때문예요.

— 자기만 살기 위해서요.

— 자신만 잘 먹고 잘 살고 싶어서요.

— 그래서 나타난 현상은 무엇인가요?

— 땅만 쳐다보고 가세요. 허리도 굽으셨어요.

— 폐지 줍는 다른 할머니를 적으로 여겨요.

— 눈에 혹이 난 그 할머니를 불쌍히 여기지 않아요.

— 불쌍한 할머니를 내동댕이 쳐 버리세요.

— 이렇게 사시는 이유가 뭘까요?

(학기 초 3월 2주 내지 4주에 걸친 생활 밀착형 인성 교육을 통해 아이들은 이미
인지하기 시작했다.)

— 자기에게 빠져 있어서요.

— 자신만 생각해서요.

— 자기만 살려고요.

― 자기 생각에 빠져 있어서요.

― 자신의 삶만이 최고라고 여겨서요.

― 맞아요. 결국은 자기가 주인이기 때문이에요. 네 인생은 네 것이야? 그러니 네 마음대로 살아. 네가 하고 싶은 대로 해. 정말 괜찮은 삶인가요? 너무 투박하고 각박한 삶 아닌가요? 어쩌면 자신보다도 못한 너무나 불쌍한 그 혹이 난 할머니조차 무시하고 업신여기는 참으로 불쌍한 삶을 살고 계세요. 자기를 사랑하다 못해 자신에게 미쳐 있는 삶이 정말 아름다운 삶일까요? 좋아 보이시나요?

― 아니요.

― 자, 그런데 놀라운 반전이 일어납니다. 이 종이 할머니가 누구를 만나게 됩니까?

― 메이요.

― 그 아이가 할머니에게 어떤 모습을 보여 주죠?

― 자기 스스로 아무 대가 없이 폐지를 드리기 시작해요.

― 그 속에서 할머니는 무엇을 발견하게 되나요?

― 메이가 그린 우주 호텔이라는 그림요.

― 메이에게 어떤 말을 듣게 되나요?

– 아주 넓은 우주라는 곳이 있는데, 그곳에도 우주를 여행하다 쉬는 우주 호텔이 있다는 이야기를 들어요.

– 그 우주 호텔 이야기를 들은 종이 할머니에게 어떤 변화가 나타나요?
– 곰곰이 생각하는 모습요.
– 하늘을 올려다 보고, 쳐다보기 시작해요.
– 허리를 숙이지 않기로 결심해요.

– 어떻게 이런 변화가 생기기 시작한 것일까요?
– 자기만이 아닌 주변을 둘러보기 시작했을 때요.
– 자기와는 다른 메이라는 아이를 만나기 시작하면서요.
– 폐지를 주우려고 땅만 쳐다보다가 하늘을 보기 시작했을 때요.

– 그래요. 바로 이거예요. 자기 자신만 바라보다가 이 할머니는 어느새 자기 자신 안에 갇혀 버렸어요. 그리고 그것만이 전부라는 착각 속에 빠져 평생을 그렇게 살아왔던 것 같아요. 그러나 자기에게서 빠져나오는 계기를 만나죠. 무엇이죠? 우주 호텔이라는 그림요. 누구죠? 그래요. 메이예요. 이렇듯 우리는 살아가면서 어떤 계기를 만나느냐, 그리고 누구를 만나느냐가 무척이나 중요한데, 여러분 모두가 귀한 계기를 접할 수 있길 바라고, 무엇보다 여러분이 귀한 계기를 만들어 줄 수 있는 사람

이 되길 기대해 봅니다.

— 그 가운데 자기 자신에게만 빠져 있고 집중되어 있던 종이 할머니가 한 가지를 깨닫게 됩니다. 뭐였나요?
— 여기가 우주 호텔이 아닌가? 여행을 하다가 잠시 이렇게 쉬어가는 곳이니 여기가 바로 우주의 한가운데이지.

— 무슨 의미일까요?
— 자기가 생각하는 것만이 전부가 아니라는 것을 깨달으신 것 같아요.
— 우리가 생각하는 것이 대단하다고 하는 착각에서 빠져나오시는 것 같아요.
— 자신만이 아닌 주변, 넓은 세상을 보기 시작하신 것 같아요.

— 맞습니다. 이렇듯 자기 자신에게 빠져 있는 사람은 주변을 못 보아요. 오로지 나만 외치고 나에게만 빠져 버리게 됩니다. 그러니 주변을 보려고 해도 볼 수도 없고, 볼 여력도 없죠. 또 자기, 나, 자신에게 빠져 사는 것이죠. 그런데 그 삶이 얼마나 비참한지 여러분은 종이 할머니를 통해 보게 됩니다.
— 일화가 하나 생각나네요. "멧돼지 같은 인생" 무슨 뜻인지 아세요? 하루는 멧돼지가 길을 가다가 자신이 좋아하는 도토리를 발견했어요. 다름 아닌 땅바닥에서요. 여기 가도 도토리, 저

기 가도 도토리. 그때 멧돼지는 생각했어요. 아, 도토리라는 것은 땅에서 솟아나는 거구나. 그러면서 누더지는 땅 밑을 파기 시작했어요. 왜? 도토리는 땅 밑에 난다는 생각에 빠져 버렸기 때문이에요. 사실은 어디서 난 걸까요? 멧돼지가 지나가던 바로 그 위에 도토리 나무가 있어서 그 위에서 떨어진 것인데 멧돼지는 그 위를 못 본 거죠. 우리 사람도 마찬가지인 것 같아요. 종이 할머니처럼 계속 밑에만 보고 살든가, 눈을 들어 저 우주, 저 넓은 세상을 바라보고 살든가? 그에 따른 삶의 질, 삶의 방향, 삶의 모습은 천지 차이라는 생각이 듭니다.

— 자, 선생님하고 우주 호텔, 종이 할머니, 멧돼지 인생을 살펴보았어요. 그럼 "의미 찾기 프로젝트!" 이 이야기 속에서 우리가 생각해야 할 부분, 의미를 찾아보도록 합시다.

— 결국은 자기에게 빠지면 저렇게 못된 할머니가 될 수 있어요.

— 자기만 생각하는 삶에서 빠져나와야 해요.

— 멧돼지 같은 멍청한 생각을 하면 안 돼요.

— 그래요. 잘 생각했습니다. 이제부터 우주 호텔을 보기 전의 종이 할머니 같은 삶이 아닌 우주 호텔을 보고 난 후의 할머니 삶으로 살아가도록 해 봅시다.

— 자, 따라해 볼까요? 자기만 바라보는 삶은 NO. 멧돼지 같은 삶

은 NO. 위를 쳐다보는 삶, 주변을 바라보는 삶으로 고고씽! 고고씽!

이외에도 여러 가지가 있다.

---

1) 6-1㈎ 2단원 다양한 관점

이처럼 사람들마다 생각과 관점이 어떻다? 네, 다 다르다는 것입니다. 마치 '화성에서 온 남자 금성에서 온 여자'처럼 말입니다. 그렇기에 자기의 생각과 다르다고 왜 다르냐고 씩씩거리고 흥분하면 될까요? 안 될까요? 그럴 이유가 없는 것입니다. 그러한 친구의 생각에 대해 도리어 이해해 주고, 앞서 우리가 많이 훈련했던 상대방 마음에 들어가는 것이 더 중요하다는 것 이제 충분히 이해하시겠죠? (6-1㈏ 주장과 근거도 좋은 인성 교육 자료가 됨)

2) 글쓴이 관점에 대해 파악하는 능력

단순히 국어 지식으로 볼 문제가 아닙니다. 오늘날 살아가면서 상대방 마음 하나 제대로 알지 못해 숱한 오해와 갈등이 붉어지는 것을 보게 됩니다. 여러분, 이 국어 수업 쉽게 볼 문제가 아니에요. 국어 수업에 삶이 담겨 있고, 인생의 해법이 담겨 있다는 사실? 이해되세요?

3) 3단원 마음을 표현하는 글

남이 자신에 대해 알아주기만 바라지 마세요. 여러분 스스로도 자신의 속내를 드러내고, 표현하는 방법을 훈련하셔야 합니다. 왜 저 사람은 내 마음을 몰라줄까? 저 친구는 왜 나를 헤아릴 줄 모를까 하며 남 탓만 하고 기대만 하는 인생이기보다, 내 마음과 중심도 잘 드러내고 표현할 줄 아는 상호 인격적인 모습을 배우고 익힐 필요가 있습니다. 그럼 그러한 나의 속내, 마음을 어떻게 하면 잘 표현할 수 있을까요? 나에게 가장 수월하고 맞는 방법은 무엇일까요? 인생 공부라는 생각으로 우리 국어 수업으로 한번 들어가 볼까요?

사회과 수업에서 인성 교육 예시

단원: 대한민국의 발전과 오늘의 우리
차시: 9차시, 1980년 이후 민주주의의 발전 과정 알아보기

학습 주제가 민주주의 발전 과정이었다. 과정이라는 단어에 꽂혔다. 이 과정이라는 키워드 하나로도 우리 아이들과 삶을 나누고 인생을 고민하고 인성 교육을 할 수 있다. 무슨 말인가? 발단은 이것이었다.

― 오늘날 우리나라가 누리고 있는 이 '민주주의'가 그냥 되었을까요?
― 아니요. 많은 과정이 있었어요.
― 많은 희생과 고통이 뒤따랐어요.

맞아요. 이렇듯 어떤 결과물이 나오기까지 쉽게 되는 것이 하나도 없어요. 그냥 되었겠지 하죠. 우리는 그것을 뭐라 그런다? '착각'이라고 하는 거예요. 과정 없는 결과는 없습니다. 단적으로 수학 공부를 봅시다. 수학 공부? 가장 대표적인 단계형 학습이라고 볼 수 있죠. 무슨 뜻인가 하면 1학년 때 배웠던 것을 2학년 때 진행해 나가고, 2학년 때 배운 것을 가지고 3학년을 배우게 됩니다. 그러니 3학년을 제대로 못 배웠다면 4학년 내용을 이해할 수 있을까요? 없을까요? 네, 당연히 없죠. 그런데 1~3학년 없이 4학년을 하겠다? 정말 어처구니없는 사람이고, 황당한 사람이고, 무지한 사람이라고 할 수 있습니다.

이렇듯 우리 인생도 삶도 과정 없이, 피땀 없이, 노력 없이 무엇인가 될 것이라고 착각하면 안 됩니다. 그러한 착각에 빠져 있는 사람들이 주로 어디에 가 계신 줄 아세요? 네, 일확천금만 꿈꾸며 우리 동네 가까이에 있는 정선 사북 카지노에 가 있고, 복권 명당집 찾아 복권 사느라 정신없는 거예요. 자신에게 맡겨진 일은 전혀 하지 않고.
그러나 우리 조상님들이, 아버님들이 이 고귀한 민주주의를 얻기 위해 그냥 가만히 있었는데 되었다? 그렇지 않습니다. 많은 분들의 희생이 있었고, 고통이 뒤따른 결과입니다. 그 모든 과정, 희생을 통과하게 되었을 때 우리는 민주주의라는 고귀한 결과물을 얻게 되었다는 사실을 기억해 봅시다.

그리고 여기서 끝나지 않습니다. 이 민주주의 국가가 되기까지 우리 6학년 1학기 동안 배운 우리나라 역사를 생각해 봅시다. 조선 후기 외세의 침략 가운데 항쟁의 과정. 그리고 근대 국가로의 발전이 있는 듯하다 일제 강점기, 그리고 광복하며 발전하는 듯하다 또 맞이하게 된 6·25 전쟁. 그 폐허 속에서 경제 발전을 위해 고군분투했지만, 뒤이어진 군사 독재 정치로 피폐해진 삶. 그 가운데 이어진 시민들의 자발적인 4·19 혁명. 그러나 또다시 찾아온 군사 독재 정치, 그러다 다시금 6·29 민주화 선언 및 광주 민주화 운동을 통해, 지금의 민주주의 대한민국이라는 역사를 통해 우리가 생각해 볼 수 있는 측면이 뭐가 있을까요?

　－ 우리가 살아가는 삶에도 과정이 있을 수 있어요.
　－ 항상 좋은 것만 있는 것이 아니라, 나쁠 때도 있어요.

─ 역사처럼 굴곡이 있는 것이 우리 삶인 것 같아요.

그래요. 그래서 눈을 크게 뜨고 넓게 보아야 합니다. 당장 지금 눈앞에 벌어지고 있는 현상만 바라보는 것이 아니라, 나중까지도 볼 수 있는 혜안이라는 것이 있어야 하죠. 그리고 떨어졌으면 올라갈 때도 있다는 것입니다. 물론 올라갔으면 떨어질 때도 있다는 사실을 알고, 사람이 겸손도 해야 한다는 것이죠. 그리고 떨어졌을 때는 다시금 치고 올라갈 준비 가운데 '팍' 치고 올라가야겠다는 마음의 결단도 필요한 것이고요.

사회 수업은 단순히 역사, 정치, 사회 현상이라는 지식만 배우는 것이 아니라, 그 속에서도 인성적 요소를 발견하여 삶과 결부·연결시키는 인성 교육으로 충분히 전환될 수 있다. 사회 수업과 삶의 관계. 사회 수업과 인성 교육의 관계는 요즘 말로 '찐친'이지 않을까 싶다.

게다가 사회 수업은 그야말로 사회 현상을 통한 인성 교육이 발현되는 시간이라고 볼 수 있다. 실시간 뉴스를 이용한 인성 교육의 장을 마련해 볼 수 있다. 다른 주변 설명 없이 곧바로 치고 나갈 수 있다.

"얼마 전 충격적인 뉴스 하나가 나왔는데, 혹시 보셨나요? 다름 아닌 분노 조절 장애 관련 소식이었어요. 어떤 한 분이 고층 빌딩에서 도색 작업을 하고 있으셨답니다. 그분이 의지하고 있었던 단 하나? 네, 고층 옥상에 걸려 있던 밧줄 하나였습니다. 그런데 아파트에 살고 있던 한 사람이

도색하던 분이 틀고 있던 음악 소리에 짜증이 나고, 화가 나기 시작했다고 합니다. 그것을 참다 못해 옥상 위로 올라갔답니다. 그리고 무슨 일을 한지 아세요? 네, 그 도색 작업을 하던 분이 자기 생명을 담보로 철저히 의지하고 있던 밧줄을 그대로 끊어 버렸답니다.

작업하시던 분은 어떻게 되었을까요? 네, 죽었습니다. 그런데 그 죽은 분은 어떤 분이셨는지 아세요? 다섯 식구의 가장이셨답니다. 그리고 앞날이 창창한 나이가 젊으신 분이셨답니다. 또한 효자셨답니다. 그런데 그것에 대해서는 관심조차 없던 한 사람이 자기 기분 나쁘다고, 자기가 열 받는다고, 자기가 짜증난다고, 자기 성질을 못 이겨서, 자기 기분을 못 이겨서, 자기 뜻대로 안 되었다고, 자기 마음에 안 든다고, 즉 원하는 대로 안 된다고 열 받아서 끝내는 생명줄이었던 밧줄을 가차 없이 끊어 버렸습니다. 그러한 세상 속에 우리는 살고 있는 것입니다.

근원이 뭘까요? 네, 자기 자신에게 빠져 있는 것이죠. 자기 자신을 사랑하는 것을 뭐라 하는 것이 아님을 아시죠? 자기 자신을 귀하게 여기고 존중하고 사랑해야죠. 그런데 그것을 넘어서서 아예 빠져 버리고 도취되어 완전히 자기가 주인된 삶, 즉 자기만이 왕이라 착각하며 군림하는 사람은 무슨 짓이든 다 해요.

그것뿐입니까? 그냥 스치듯 흘깃 쳐다보았다고 30대 여자가 70대 노인을 무차별 폭행했어요. 자기 마음에 안 들면 그렇게 사랑하고 아낀다던 여자 친구를 걷어 차고 폭행을 넘어서 얼굴에 황산을 뿌려 버리고, 암매장까지 하게 됩니다. 또 얼마 전에는 사귀던 전 여자 친구를 찾아가서 폭력을 행사해서 결국은 그 여자 친구가 식물인간이 되어 버렸다는 소식이 들렸습니다. 자기가 열 받아 버리면, 이 밧줄을 끊으면 저 사람이 죽는지 사는지조차 생각할 여지없이 오로지 자기에게만 초점을 맞추어 그대로 밧줄부터 끊어 버리는 분노 조절 장애를 겪는 사람들이 주변에 1~2명이 아닙니다. 자기에게만 빠져 있으면, 자기가 주인이면, 자기가 왕이면 무슨 행동을 할지 모릅니다. 이것이 얼마나 무서운 것인지 아세요?

옛날에 이런 일도 있었죠. 우리나라 국보급 문화재에 불을 냈어요. 원인은 사회에 대한 불만이라고 하는데, 전 그렇게 안 봅니다. 사회에 불만은 결국 오로지 자기 감정, 자기 기분에 초점을 맞춘 나르시시즘의 결과물이라고 생각합니다. 자기가 기분 나쁘고 열 받으면 그러한 자기 감정이 더 소중하고 중요하지 주변, 상대방 모두 소용 없어지는 이 자기애, 이 나르시시즘이 얼마나 무서운지 여러분이 직접 보고 계시는 것입니다.

이것이 바로 분노 조절 장애, 자기 자신에게만 빠져 있는 '자기애', '나르시시즘'의 결과물입니다. 여러분도 자기가 주인이 되면 이렇게 될 수 있습니다. 누구도 장담 못 합니다. 이렇게 살고 싶으세요? 이렇게 사시겠습니까?"

이렇게 질문하고 대답을 들어 볼 수도 있고, 경종만 주고 빠져나올 수도 있는 사회수업 또는 창체수업, 짜투리 시간을 이용한 수업으로 진행할 수도 있을 것이다.

음악과 수업에서 인성 교육 예시

단원명: 수건 돌리기 – 셈여림

'수건 돌리기'라는 제재곡 중에서도 셈여림에 대한 내용이다. 그런데 이것이 인성 교육과 무슨 관련이 있을까? 절대적인 관계성이 발견된다. 무슨 말일까? 어느 정도 인성 교육이 된 아이들을 셈여림이라는 부분을 통해 우리네 삶과 연결시켜 보고 관계를 생각해 보자는 제시어를 던져 본다.

— 지금 우리가 하는 이 음악 수업에서의 셈여림. 전 이것이 우리 삶과도 연결이 된다고 생각합니다. 여러분은 어떠세요? 이 셈여림 속에서 우리 삶과 연결되는 어떤 부분들이 있을까요?

— 강할 때가 있고, 약할 때가 있듯이 우리 삶도 잘될 때가 있고, 안 될 때가 있다는 사실을 깨달아야 할 것 같습니다.

— 또 어떤 것이 있을까요?

— 강하게 할 때와 약하게 할 때를 구분할 줄 알아야 한다고 생각합니다. 강하게 해야 할 때 약하게 하면 손해 볼 수 있고, 약하게 해야 하는데 강하게 함으로써 상대방과 주변에 피해를 줄 수도 있다고 생각합니다.

한 아이가 손을 들어 발표한다.

— 이 셈여림을 보면, 한 사람만 표현하는 것이 아니고, 우리 반 모두가 노래를 부를 때 같이 하게 됩니다. 따라서 남들이 강하게 부를 때는 나도 같이 강하게 불러야 하고, 남들이 약하게 부를 때는 나도 같이 약하게 부르는 협동심도 필요하다는 것을 생각해 보게 됩니다. 다시 말해 나만 잘한다고 해서 나만 치고 나가고, 나는 안 된다고 자기에게 빠져서 좌절하는 것이 아니라 서로가 같이 맞추어 나가야 한다고 생각하게 되었습니다.

이때 탄성이 터져 나온다. 이 셈여림이라는 측면 하나에서도 이렇듯 지금 껏 강조해 왔던 자기애의 문제점뿐 아니라, 그 나르시시즘에서 빠져나와 이 사회의 구성원으로서 사회성, 협동, 배려, 존중이라는 인성적인 측면 이 충분히 돌출될 수 있는 순간인 것이다.

체육과 수업에서 인성 교육 예시(배려, 팀워크, 조화, 기회 균등 등)

- 배려적인 요소

축구 경기를 하는데, 중간에 잠시 멈추게 하고 모두를 불렀 다. 그리고 한마디 한다. "선생님은 축구 경기가 잘하는 사람들 만의 전유물이 되길 원하지 않습니다. 축구를 잘 못하는 사람들 은 결국 공만 쫓아다니는 들러리인가요? 전 이때 공을 잘 다루는 상위 30%인 친구들의 배려가 필요하다고 생각합니다. 잘하는 사 람들만 즐기는 리그가 아니라 모두가 즐거워 하는 그러한 운동 경기가 되었으면 합니다. 자, 그럼 어떤 식으로 하면 그러한 경기 가 될 수 있을까요?" 이때 우리 아이들이 나름 창의적인 이야기를 꺼낸다. "공을 잡고 5m 이상 드리블을 하지 않는 것입니다. 5m 전에 패스해야 하는 규칙을 만듭니다. 골대 앞에서 슈팅은 최대 한 여학생들이 하게 합니다." 등 의견을 내놓는다.

• 토의, 토론, 협의 문화

체육 수업 3시간 중 무려 2시간을 아이들의 자율 체육으로 할애한다. 그것은 그들만의 '놀 권리'를 주고 싶어 하는 차원에서다. 그러나 전제 조건이 있다. 체육 수업 바로 직전까지 친구들과 실제적인 토의와 협의 가운데 모두가 인정한 종목으로 꼭 해야 한다. 한 사람이라도 불만을 가질 때는 그 종목을 할 수 없으며, 정 안 되면 그날 체육은 못하게 될 수도 있음을 주지시킨다. 체육 수업에서 피어나는 토론과 토의, 협의 문화가 정착된 것이다.

24

[21세기 인재상 프로젝트 03]

달라진 우리 아이들

나를 향해 돌진하는 아이들

나와 싸우려는 것이 아니다. 우리 반에는 아침 '악수 인사'라는 것이 있다. 아침에 만나면 목례만 하지 않고 힙합맨의 악수처럼 일반적인 손 모양으로 잡았다가 순간적으로 팔씨름하듯이 손 모양을 바꾸는 악수 형태를 말한다. 그러면서 동시에 서로의 눈을 2초 가까이 응시하면서 "잘 쉬셨어요?"라고 물으면 "네." 또는 "선생님도 잘 쉬셨습니까?"라며 되받아 인사말을 건네는 인사 시스템이다. 내 눈을 2초간 보지 않으면 악수 인사 실패로 간주해서 처음부터 다시 인사해야 하는 방식이기도 하다. 그렇게 학기 초부터 연습을 시켰더니, 처음에는 내 눈도 응시하지 못하고 어디다 눈을 두어야 할지 모르던 아이들이 이제는 매의

나를 향해 돌진하는 아이들과의 악수 인사

눈처럼 아주 초롱초롱하게 바라본다.

그것만이 아니다. 교사들도 직접 해 보면 알겠지만, 의기소침하고 의욕이 없는 아이들은 눈의 시선뿐만 아니라, 악수하는 손 자체도 힘이 없다. 그날 아침 안 좋은 일이 있던 아이들은 악수할 때 손이나 손목에 그대로 나타나 보인다. 시선도 마찬가지로 힘없이 그대로 손만 내밀 뿐 거의 의욕 상실적인 모습을 보인다. 그것으로 아이 내면의 원천적인 한 부분을 점검할 수 있을 뿐 아니라, 그날 아침의 컨디션도 파악할 수 있는 것이다. 그렇게 하는 악수 인사가 3월을 넘어가고, 아이들과 관계를 형성하는 순간 나를 향해 돌진하듯이 달려와 너무나 반갑게 힙합 악수 인사를 하게 되었다.

아침 댓바람부터 우리 관사 앞에서 서성이는 사생팬 형성

또 하나의 진풍경은 아침 악수 인사를 제일 먼저 하고 싶은 마음에 아침 8시면 관사 앞에 서성이는 아이들의 모습이다. 전혀 인센티브 같

사생팬

은 것도 없는데 말이다. 믿을지 모르겠지만, 이유는 단 하나다. 그냥 나를 한순간이라도 빨리 보고 싶고 손을 잡고 싶어서 관사 앞에서 서성거린 것이다. 이것은 뭐 거의 교육계의 아이돌이라고 할 수 있지 않나 싶다. 전에 교장 선생님께서 이 모습을 보고는 놀라시며 한편으로는 무척이나 부러워하신 적이 있다. 요즘 아이들에게서 발견할 수 없는 담임 선생님과 기막히게 라포르 형성을 한 결과임을 교장 선생님도 인지하셨기 때문이다.

수업 후 맛보는 물맛

인성 교육을 많이 하는 편이다. 특히 생활 밀착형 인성 교육을 많이 하는 편이다. 한번 했다 하면 1시간 내리 한다. 그런데 어느 순간부터 교육이 끝나면 물을 갖다 주는 아이들이 생겼다. 철저히 자발적인 일이다. 입이 마를 정도로 열정적이고 최선을 다해 말씀하시는 선생님이 목마를 것 같아서 물을 떠다 주었다고 한다. 한 아이가 시작하자 그다음에는

수업 후 맛보는 물맛

서로 경쟁적으로 떠다 주는 바람에 한 번에 3~4컵을 마신 적도 있었다. 정성을 담아 갖다 준 물인데, 누구 것은 마시고 누구 것은 마시지 않으면 안 될 것 같아서다.

사랑 고백받기

하루는 수업이 끝나고 복도를 지나가는데, 남자아이 2명이 갑자기 내 앞에 나타나더니 다짜고짜 말했다. "선생님은 저희들의 운명이라고 생각합니다." 뭐지? 결론은 운명적인 사랑과 같다는 사랑 고백이었다. 어찌나 어색하던지……. 그리고 더더욱 내 마음을 겸손하게 만드는 순간이었다. 나를 자신들의 운명과 같은 만남으로 생각하는 아이들 앞에서 내가 어떻게 살아야 할 것인가? 어떤 교사, 어떤 운명으로 서 있어야

사랑 고백

할 것인가에 대해 진지하게 생각하게 하는 참으로 부담스러운 고백이었기 때문이다.

내 점심 풍경

학생 인권 무시라고 고발할 수도 있지만, 진실된 결과물이기에 드러내고자 한다. 내 교육에 대한 고마움이 물을 떠다 주는 정도를 넘어, 점심시간에 급식까지 갖다 주려는 아이들이 생겼다. 물론 그것은 허용하지 않았다. 교사는 군림하는 존재가 아니고, 섬기고 도와주는 존재이기 때문이다. 그래서 섬김을 받는다는 것에 대해 양심이, 인격이 허락하지 않아서 사양했지만, 이 정도로 아이들과 라포르 형성이 되어 있었다면 말 다한 셈인 것이다. 그야말로 내게 푹 빠져 있다는 증거다. 그랬더니 어느 날부터는 내 식판 옆에 물컵을 놓아두는 아이들이 생겼다. 식사하면서 또는 식사가 끝난 후 입도 닦고 목도 축이란다. 이것이 교육의 보람 아닐까?

내 점심 풍경

이런 종례 인사 보셨나요?

우리 종례 인사는 나름 평이하다. "수고하셨습니다."라며 목례를 하고, "사랑합니다."라고 하면서 밝고 힘차게 두 손을 흔든다든가 하트 표시를 하는 것으로 마무리한다. '수고하셨습니다'고 끝내기보다는 항상 사랑이 가득한 반이 되길 바라는 마음에서 '사랑합니다'는 멘트 하나를 더 넣었을 뿐이다. 그냥 일반적이고 평이한 모습이다.

그런데 아이들과 라포르, 신뢰, 사랑이 넘쳐 나기 시작하자 어떤 한 놈이 손을 흔드는 것은 너무 약하다고 생각했는지, 그 인사가 끝나자마자 달려와 내 허리를 잡으며 "사랑합니다."라고 하는 것이 아닌가? 좀 당황했지만 나 역시 그 마음과 동일하기에 같이 안아 주며 "저도 사랑합니다."라고 했다. 그러자 그다음 날부터는 남학생 모두가 달려와 나에게 안기는 초유의 사태가 발생했다. 그 뒤로 졸업할 때까지 그렇게 종례 인사가 바뀌어 버렸다. 당연히 남학생들과만 스킨십을 한다. 여학생은 하고 싶어도 거절한다. 어느새 종례 인사가 이 정도로 변화되었다. 이런 것을 변화라고 하지 않을까? 그리고 이런 것이 교육적 자발성이

종례 인사

아닐까? 교육의 결과물인 변화를 해마다 실제로 경험하는 것에 나 자신
도 감개무량할 뿐이다.

교사에 대한 절대적 무한 신뢰

국어 시간 광고 단원이 있다. 자신이 광고하고 싶은 내용을 담아 보
는 것이다. 한 아이가 한 것을 채점하다 나도 모르게 함박웃음을 지었
다. "장대희 선생님을 만나면 무조건 변화됨. 세계 최고의 교사임."

선생님은 송중기 닮았어요. – 나보고 착하단다.	선생님은 정말 무서운 분이세요. – 왜? 우리 속마음을 다 아시니까.	"자신과 가장 친한 사람은?"이라는 설문 조사 결과, 대다수가 "장대희 선생님"으로 표기(Wee센터 선생님이 놀라서 보낸 글)	6교시 전담 수업까지 다 끝나고 돌아와서 하는 말. 선생님이랑 또 수업하고 싶어요. – 계속 함께하고 싶단다. 내가 미쳐요. "애들아 나도 좀 쉬면 안 되겠니?"라는 부탁 아닌 부탁을 하고 있는 실정

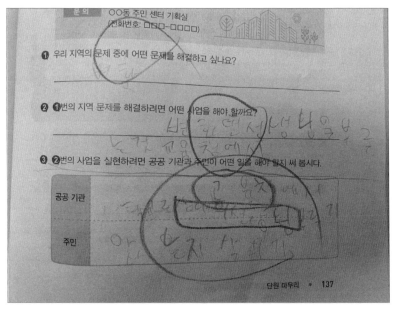

교육청에서 불러야 한다

우리 반 아이들의 나를 향한 말! 말! 말!

평가문항	답변
올해 선생님과 했던 공부 중에서 가장 기억에 남는 것은 무엇이고, 그 이유는 무엇입니까?	모둠과목입니다. 왜냐하면 선생님께서 항상행정적이고 설명을 주시고 칭찬을 많이해주십니다. 그래서 착하시고 말해주십니다. 그래서 최고입니다.
올해 선생님과 했던 공부 중에서 가장 기억에 남는 것은 무엇이고, 그 이유는 무엇입니까?	회탈지것거, 서커스이다. 왜냐하면 우리가 쉽게 볼게 되지 않았고 새로운 도전이고, 새로운 목표가 생겼기 때문이다.
올해 선생님과 했던 공부 중에서 가장 기억에 남는 것은 무엇이고, 그 이유는 무엇입니까?	회탈지것거 허리가 좋아지고 흥미가 있고 새로운 도전을 해봤거 였기 때문이다. 어떻게 타는 것인지도 자세하게 팁, 포인트를 탁탁 집어주시고 선생님과 함께타니 더욱더 신나고 재미있었다.
올해 선생님과 했던 공부 중에서 가장 기억에 남는 것은 무엇이고, 그 이유는 무엇입니까?	인 성 교 육입니다 선생님께 말해는 하나뿐이내에 소중함이 담겨있습니다 하나도 흘리기 싫습니다
올해 선생님과 했던 공부 중에서 가장 기억에 남는 것은 무엇이고, 그 이유는 무엇입니까?	회탈지것거이다. 다른 선생님들과는 배우지 못하면 새로운 경험을 매번 배워보게되고, 누구나 할 수 있는것이 아님 실수력으로 배워야 할 수 있는 거로 꿈에 능력을 찾아주시고 일께됩 주신다. 항상 도전을 할 때마다 부등함과 성취감을 느끼며 선생님께서는 지켜보시기며 마지시않고 같이 함께 도전을 하신다. 그런점이 많이 인상적이고 도움이 되었었다.
올해 선생님과 했던 공부 중에서 가장 기억에 남는 것은 무엇이고, 그 이유는 무엇입니까?	수학수업이다 그이유는 이해를 못하면 다시한번 천천히 다시설명 우리가 이해 할수있도록 해주셔서 인것같다.
올해 선생님과 했던 공부 중에서 가장 기억에 남는 것은 무엇이고, 그 이유는 무엇입니까?	회탈지것거 입니다.왜냐하면 어때까지 해본적이 없는 특별한 수업이기 때문입니다.
올해 선생님과 했던 공부 중에서 가장 기억에 남는 것은 무엇이고, 그 이유는 무엇입니까?	회탈지것거를 배운시간
올해 선생님과 했던 공부 중에서 가장 기억에 남는 것은 무엇이고, 그 이유는 무엇입니까?	또래교사를 통하여 서로에게 공부를 도와주는것을 통하여 항상 똣깊은 수업을 만들어 주셨습니다. 그리고 수업시간에 어려움 없이 수업을 하도록 항상 도와주셨습니다.
올해 선생님과 했던 공부 중에서 가장 기억에 남는 것은 무엇이고, 그 이유는 무엇입니까?	인성 교육이다 왜냐하면 인성 교육을 통해 우리들의 미래에 도움이 많이 되어서 이다
올해 선생님과 했던 공부 중에서 가장 기억에 남는 것은 무엇이고, 그 이유는 무엇입니까?	인생이 좋아지게 가르쳐 주시는 것 이다. 그 이유는 선생님께서 인성이 더 좋아지도록 가르쳐주셔서 나의 문제 겹을 알게되었다
올해 선생님과 했던 공부 중에서 가장 기억에 남는 것은 무엇이고, 그 이유는 무엇입니까?	천 과류 다이다. 그이유는 한과류 한과류 최근최근 배우면서 무엇을 배당고 무엇을 알게 되고 항상 실과 이어져 있기 때문이다.

2017 초등학교 일반교사(담임) 학부모만족도조사
문항

소 속 : 한백초등학교   성 명 : 장대희

평가문항	답변
● 선생님의 좋은 점	독서활동의 활성화, 여러 가지 체험활동을 통한 인성교육 지도
● 선생님의 좋은 점	수업시간에 아이들이 재미있게 공부할 수 있는 여건을 만들어 주고 평소에 아이들을 존중해주신다.
● 선생님의 좋은 점	아이들을 매우 잘 이해해 주면서 스스로 하는 방향으로 잘 지도해 주시는 거 같습니다. 아이들에게 칭찬과 격려도 아끼지 않으십니다. 아이들 서로에게 배려 깊은 마음을 갖게 하는 교육도 너무 좋습니다.
● 선생님의 좋은 점	더 바랄수없는 이상 적인 선생님
● 선생님께 바라는 점	항상 감사드립니다.

땀은 삶을 속이지 않는다

변화는 계속되어야 한다

변화시키는 선생님

장대희 선생님의 능력

실천의 중요성

어느 종교에 "행함이 없는 믿음은 죽은 것이다."라는 말이 있다. 교직도 그러한 것이 아닌가 싶다. 실천 없는 지식은 죽은 지식에 불과한 것이다. 실제로 실천한 사람과 아무리 많은 교육학 지식을 가지고 있지만 실천 자체를 하지 않은 사람은 격이 다름을 보게 된다. 아니 결이 다르다. 실천이 곧 힘이다. 실천이 곧 능력이다.

철마는 달린다

(변화는 계속되어야 한다)

특별히 우리 초등 교사 사이에서는 서로를 '박사'라고 칭하는 것을 종종 본다. 그 말을 처음 접한 것은 내가 초임 발령을 받고 맞이한 회식 자리에서였다. 10년 이상 선배인 한 선생님이 "장 박사, 몇 회 졸업이야?"라고 묻는 것이 아닌가? 나도 모르게 얼굴이 빨개졌다. 대학을 졸업하고 군대를 제대한 후 곧바로 발령받은 터라 박사는 고사하고 대학원 석사 근처에도 가지 않았는데 그렇게 부르니 어찌나 무안하던지······. 그래서 사실을 밝혀야겠다는 생각에 기어 들어가는 목소리로 "선생님. 저 아직 학사입니다. 대학원도 못 갔어요."라고 했더니 크게 웃으시며 이렇게 말했다. "그것을 누가 모르나, 이 사람아. 우리는 전 과목을 다 가르치는 (박)학다식한 (사)람 아닌가? 그러니 박사인 거지." 그제서야 그 말이 무슨 뜻인지 알게 되었다.

맞다. 초등 교사는 학년 담임제 개념으로 전 과목을 다 가르친다. 물론 요즘 들어 교과 전담제가 생겨 몇 과목은 전담 교사가 가르치지만, 주지 교과 관련해서는 담임들이 가르친다. 그러니 박학다식한 박사가 맞는 것이다. 그것만이 아니다. 대도시 중소 학교 및 큰 학교를 제외하고 농어촌 6학급 및 그 이하 소규모 학교에서는 담임 외에 담당하는 업무가 최소 2~3개, 많게는 자질구레한 것까지 합해서 4~5개까지 된다. 그만큼 업무 부담이 많은 편이고, 그 다양한 업무를 담당하는 차원에서 많은 것을 알고 있어야 하는 '박사'인 셈이다. 게다가 우리 남자 교사는 초임 발령을 받고 나면, 남자 교사에 막내라는 이름으로 웬만하면 체육 업무를 담당하게 된다. 나 역시 초임 발령받고 10년 내내 체육을 맡았던 경험이 있다. 사실 그것이 싫어서 분교로 가고 싶었던 측면도 없지 않아 있었다. 되돌아보면 초임 발령받고 체육 업무를 10년이나 담당하다 보니 별의별 종목들을 다 경험했다. 어떤 종목은 처음 접했음에도 내 스타일에 맞는다는 것을 알게 되면서 도리어 더 열정적으로 배워 수준급으로 향상된 적도 있다. 그 모든 것이 내 의지와는 상관없이 결국은 아이들을 위한 교육을 하다 보니 접하게 된 것들이 아닌가 싶다. 그렇다. 그모든 것의 중심에는 항상 아이들이 있었다. 그리고 교육이 있었다. 그것이 바로 교사라는 생각이 든다.

변화는 나부터 시작되어야 한다

그렇기에 살아 있는 교육과정이 되어야 할 교사의 변화 없이 아이들의 변화를 꿈꾼다는 것은 공염불에 불과하다. 변화되지 못한 교사의 삶을 살다 보면, 나도 알고 아이들도 알게 되는 민망한 일이 벌어질 수 있다. 게다가 자신조차도 변화되지 못한 교사가 아이들을 변화시킨다는 것 자체가 어불성설이다. 그래서 계속 꿈꾸며 다짐하는 차원에서 계속 외쳐 본다.

"나부터 변화시키자. 나부터 노력하자. 나의 교육적 변화를 중단하지 말자. 끊임없이 도전하는 삶이 되자."

• 연식 정구

1999년 첫 발령을 받자마자 부여받은 체육 업무는 연식 정구였다. 테니스는 들어 보았지만, 물렁물렁한 고무공으로 테니스처럼 치는 연식 정구는 생전 처음 접하는 운동이었다. 그래도 제대한 지 얼마 안 되었기에 아직까지 지닌 군인 정신을 바탕으로 선배들이 시키는 대로 업무를 맡아 아이들을 지도하기로 했다. 그런데 할 줄을 몰랐다. 결국 나 역시 아이들과 함께 땡볕에서 같이 배웠던 운동이 바로 연식 정구다.

- 배드민턴

  몇 년 후 다음 학교로 전출을 갔다. 춘천 시내다 보니 교사 인원은 많았다. 그러나 그곳에서도 남자 교사 중에서 막내인지라, 당연히 체육 업무가 떨어졌다. 다름 아닌 배드민턴부였다. 엎친 데 덮친 격으로 코치도 없었다. 그런데 육성 종목이라서 대회도 나가야 할 상황이었다. 발등에 불이 떨어졌다. 울며 겨자 먹기로 새벽에 하는 레슨을 받기에 이르렀다. 거의 8개월 동안 이어 갔던 것 같다. 중간에 하다 말다 하다 보니 지금도 만년 C조 수준이지만, 지금까지 10여 년 가까이 친밀감 있게 하게 된 운동이다. 하면서 처음 알았다. 내가 은근히 빠른 운동을 좋아한다는 것을 말이다. 육성 종목이 테니스인 학교로 전출을 가서는 테니스까지 맡게 되어 또 레슨까지 받는 열정을 보였지만, 결국은 배드민턴으로 안착했다. 결국 아이들 때문에 하게 된 운동임은 부정할 수 없다.

- 음악줄넘기

  2006년 음악줄넘기 열풍이 불었다. 줄넘기를 음악에 맞추어 기술까지 구사하는 나름 즐겁고 재미난 종목이었다. 그때 한창 몸무게가 늘어나기도 하던 터라 체중 관리, 건강 관리 차원에서 3급 지도자 자격 연수를 받게 되었다. 그런데 하다 보니 아이들에게 가르쳐 주면 좋겠다는 생각이 들었다. 다양한 기술과 함께 하나의 작품을 만들 수 있는 아주 매력적인 종목이었다. 혼자 재미삼아 하려던 음악줄넘기가 3년에 걸쳐 1급 지도자 자격증까지 취득할 정도로 참 열심

음악줄넘기

히 동참했던 것으로 기억한다. 그 진가가 2007년 홍천 창촌초등학교라는 벽지 학교에서 발휘되었다. 생전 듣도 보도 못한 종목이라는 음악줄넘기를 아이들에게 참 열심히 가르쳤다. 그 결과 홍천을 대표해서 '홍천 교육가족 어울림 큰 잔치'라는 행사에서 발표회를 가졌다.

유튜브: https://youtu.be/JF3-8wg8I1Q(2007년 교실수업개선 – 음악줄넘기 프로젝트 – 장대희 선생님)

• 골프

나는 시골 출신이다. 골프를 접할 기회도 없었을뿐더러, 고급 스포츠라는 생각에 언감생심 접근할 꿈도 못 꾸고 있던 영역이었다. 그런데 이것이 웬일인가? 어느 순간 내가 골프채를 잡고 6개월 이상 레슨까지 받았다. 그리고 곧바로 골프 장비를 풀세트로 사서 필드까지 진출할지 누가 알았겠는가? 지금은 배드민턴 대신 가족과

골프

함께할 수 있는 평생 운동으로 자리매김할 정도로 나름 열심히, 즐겁게 참여하고 있다. 되돌아보면 이 역시 작은 학교 희망 만들기 차원의 특성화 교육 프로그램을 하면서 하게 된 운동이다. 교육 때문에, 아이들 때문에, 학교 때문에 접하게 된 운동이었음을 부인할 수 없다.

유튜브: https://youtu.be/X-3q1uL2Xu4(EBS 선생님 선생님 우리 선생님(2011.7.14) - 골프에 대한 역발상 - 장대희 선생님 편)

• 드럼

2013년 노일분교에 근무하고 있을 때다. 본교에서 연구 학교 진행과 함께 좀 더 원활한 교육 활동을 위해 예산이 필요한 시점이었다. 어느 장학 재단에 공모하려는 계획서를 나에게 좀 써 달라고 제안했다. 본교에서 추진하는 내용이었지만, 공모전에 당선만 되면 분

드럼

교였던 우리 아이들에게도 도움되는 일이기에 마다할 이유가 없었다. 진통 가운데 계획서를 쓰게 되었다. 본교도 함께하는 활동이 들어가야겠지만, 분교 특색을 살리는 차원에서 우리 분교 인원 8명 모두가 할 수 있는 것이 무엇일까 고민하면서 계획서를 작성해 나갔다. 그러던 중 다중 지능 이론의 음악 지능 향상을 위해 음악 분야 내용을 첨가하고 싶어 보컬 밴드를 만드는 계획서를 작성했다. 운 좋게 선발되어 2800만 원의 예산을 받게 되었다. 그 가운데 우리가 계획했던 보컬 밴드 구성을 위한 악기 구입 및 강사 섭외를 위해 900만 원을 지원받게 되었다.

그때 처음 접하게 된 악기가 드럼이었다. 아이들이 하는 것이라 지켜보고 관리해 주는 역할만 하고 있었다. 사실 분교 부장으로 할 일도 많고 분주해서 더 이상 신경을 쓸 여력도 없었다. 그런데 하루는 드럼 강사가 사정이 있다며 결근을 했다. 그래서 아이들끼리만 연습하는데 어수선함 그 자체였다. 또 의욕이 발동하기 시작했다. '아이들을 지도할 수 있는 수준으로 한번 해 볼까?'라는 생각이

들었다. 게다가 자꾸 지켜보다 보니 두들기는 소리와 함께 리듬감이 상당히 매력적으로 다가오는 것이 아닌가? '그래 결심했어. 나도 드럼을 배워 보는 거야. 칠 줄 아는 척이 아닌 정말 지도할 수 있는 수준이 되어야겠어.'라는 생각에 결국 드럼학원 수강증을 끊기에 이르렀다. 그렇게 시작한 드럼을 중간에 6개월 쉬고, 또 일이 생겨 중간에 1년 넘게 쉬었다가 다시 하다를 반복하면서 몇 년 정도 이어 갔던 것 같다. 그것이 계기가 되어 정선 함백으로 전입을 와서 청소년 지원 센터와 협력하여 '드럼팀'을 창단하기에 이르렀다. 결국 나의 욕심, 나의 욕망이 아닌 아이들을 위한 관점의 결과, 나름 몇 곡 정도는 연주할 줄 아는 초보 드러머까지 되었다.

유튜브: https://youtu.be/Y1Jogc0QUwM(Drummer 장대희 선생님 – 곡명 : 무조건(11월 19일))

- **서커스**

나름 발도르프 교육에 대한 열망을 갖고 찾아온 함백초등학교였다. 당연히 발도르프 교육에서 추구하는 움직임 교육을 접하게 되었다. 그중 하나가 다름 아닌 서커스 교육이다. 면 줄넘기부터 시작해서 균형 감각을 키우는 롤라볼라, 접시 돌리기인 스피닝 플레이트, 세 가지 색깔의 천으로 던지고 받기를 하는 스카프 저글링, 서양 팽이인 디아볼로, 그리고 서커스의 핵인 공 저글링까지 다양하다. 아이들을 가르쳐야 되는 상황에서 내가 할 줄 모른다는 것은 말이 되지 않는다는 생각에 겨울 방학 때부터 연습했던 것이 좀 효과를 발

서커스

휘하여 이 모든 영역을 다 접하고 할 수 있는 수준에 이르렀다. 서커스는 기능인들이나 할 수 있는 영역으로 여겨 나와는 상관없을 것 같았는데, 그 영역까지 접근할 수 있는 계기와 기회가 찾아왔고 언제나 그랬듯이 또 도전했다. 어느 정도의 수준까지 일구어 내게 되었음을 보게 된다.

유튜브: https://youtu.be/nA2L-x7qiQs(2016 정선군 신동읍민의 날 서커스 공연 - 함백초 손오공 서커스팀 장대희 선생님)

• **외발자전거**

외발자전거라니 생각만 해도 웃음이 나올 일이다. 나에게 외발자전거란 서커스의 일종이자 묘기 부리기에 가깝다. 그러나 2015년

외발자전거

발도르프 교육을 접하면서 그것이 유럽 발도르프 교육에서는 일반
화된 교육 활동이라는 사실을 알게 되었다. 외발자전거가 아이들에
게 얼마나 많은 도움이 되는지 어렴풋이 알게 되면서 아이들을 가르
쳐야겠다는 일념 하나로, 당연히 외발자전거에 도전했다. 그런데 이
것이 웬일인가? 도전한 지 며칠 만에 안장에서 떨어져 엉덩이뼈에
금이 가는 대참사가 벌어진 것이다. 병원에 3주나 입원하면서 외발
자전거에 대한 트라우마가 생기고 말았다. 그런데 이것이 무슨 운명
의 장난일까? 2016년 함백에 와서 서커스 영역을 지도하던 중 외발
자전거 교육이 등장한 것이다. 내가 타지도 못하면서 가르친다는 것
은 말이 안 되기에 다음 날 아침부터 연습을 시작했다. 아이들은 1주
일에서 10일 사이면 주행에 성공하고, 어른들은 3~4주 정도면 성공
한다는 매뉴얼을 깨고 2주 만에 성공했다. 그다음 탄력을 받아 1주
일 만에 수직·수평 혼자타기, 또 1주일 뒤에는 한 번도 넘어지지 않
고 체육관을 30바퀴 주행했다. 결국 외발자전거의 기초이자 꽃이라
고 할 수 있는 '아이들링(외발자전거에서 넘어지지 않고 페달만 이용해서 왔다

갔다 하는 기술, 유튜브 참고)'을 성공시켰다. 뒤이어 고급 기술까지도 연달아 성공시켰다. 더불어 2017년에는 아예 우리 반 전체 특성화 교육 차원에서 외발자전거를 교육하기에 이르렀다. 나중에 기회가 된다면 외발자전거 전문지도자 3급에도 도전할 계획이다.

유튜브: https://youtu.be/Zk6pFsa59YA(짝때기 쌤의 외발자전거 입문기(3개월여간의 여정) – 장대희 선생님)

철마는 달리고 싶다

교직 생활 20여 년 동안 한두 가지를 접한 것이 아니다. 이외에도 남자 교사이지만 초등학교 특성상 종이접기, 리코더, 피아노 등 접하지 않은 것이 없다. 그런데 내가 좋아서 한 것은 거의 없다. 그 중심에는 오로지 학교와 교육과 아이들이 있었다. 허점투성이였고 부족함 가득한 그러한 교사였음에도 그 모든 교육적 열정, 변화의 중심에는 아이들에게 어떻게든 도움이 되려는 나름의 노력이 있었음을 되돌아본다. 그것이 바로 교사라는 생각이 든다. 바로 교사들의 변화이며, 교육을 향한 도전이며, 몸부림이 아닌가 싶다.

그렇다면 앞으로는 어떻게 해야 할까? 교육에 무슨 끝이 있겠는가? 교육은 마음과 마음이 이어지는 사람과 사람의 관계다. 그것에 있어 '종착점은 이것이다'고 어떻게 단정 지을 수 있겠는가? 교육은 무생물이 아닌 생명을 가진 생물체다. 살아 움직이고 꿈틀댄다. 나름 유기적인 관계성을 가지고 호흡하고 움직이며, 그 가운데 성장도 하고 약화도 되었다가 다시 변화되었다 쇠퇴하기도 한다. 그야말로 살아 움직이는 유기체적인 생명체다.

그 속에서 교사는 그러한 교육과 호흡하고 함께하며 움직여야 한다. 교육 자체가, 학교라는 것 자체가 살아 움직이는 유기체적인 생명체인데 교사가 단지 그냥 머물러 있다면 그 속에서 무슨 일이 생겨나겠는가? 같이 움직이고 호흡하며 변화되고 계속 달려 나가는 자가 교사다. 그것을 위해 교사들이 해야 할 일은 바로 아이들을 위해 끝까지 움직이고 변화하고 성장하는 것이다. 그것을 위해 나는 오늘도, 내일도 계속 달려 나가고자 한다. 철마는 달리고 싶다.

교사가 달라졌다, 그리고 아이들이 달라졌다

나에 대한 평가: 선생님이 달라졌어요

학년 말 마무리를 지으면서 나에 대한 평가를 부탁한 적이 있다. 그때 나왔던 의견을 직접 녹취해서 기록한 내용이다.

2016년도 함백초 6학년 꿈동이들이 말하는
"내가 생각하는 장대희 선생님은?"

- 장대희 선생님은 그동안 만났던 선생님 중에 가장 최고라고 생각합니다. 왜냐하면 그동안 만났던 선생님들은 저희를 함부로 대하시거나 많이 화를 내시거나 그러셨는데 선생님은 인격적으로 대해 주시니까요. 가장 최고였던 것 같습니다.
- 장대희 선생님은 돌 같은 사람입니다. 왜냐하면 선생님은 차분함도 항상 유지할 뿐 아니라, 저희를 아끼고 사랑하시는 것에 있어 지속성이 있고, 그게 항상 한결같았기 때문입니다.
- 장대희 선생님은 인격적인 선생님 같습니다. 왜냐하면 다른 친구가 말했듯이 다른 선생님들은 저희를 막 혼내시고 지적을 많이 하시는데 장대희 선생님은 인격적으로 말씀하시고 항상 좋게 말씀하시기 때문입니다.
- 장대희 선생님은 높은 산과 같다고 생각합니다. 왜냐하면 선생님의 한계를 극복하시고 저희의 한계도 극복하게 해 주셨기 때문입니다.
- 장대희 선생님은 전설 속의 인물이라고 생각합니다. 왜냐하면 저희가 5학년 때까지만 해도 터지기 일보 직전인 폭탄, 구제 불능이라는 소리밖에 안 들었는데 장대희 선생님을 만나면서 폭탄이 아닌 보석이라는 그러한 말들을 듣게 되었기 때문입니다. 기분이 너무 좋습니다.
- 장대희 선생님은 부모님과 같다고 생각합니다. 왜냐하면 저희들과 친근하고, 저희를 교실에서 키워 주시고, 그리고 저희를 훈련시켜 주시기 때문입니다.

- 장대희 선생님은 바다 같은 분이라고 생각합니다. 왜냐하면 바다는 엄마 또는 아빠처럼 안아 주는 그러한 넓은 바다인데 선생님께서 그러한 넓은 마음을 가지셨기 때문입니다.
- 장대희 선생님은 지우개 같다고 생각합니다. 왜냐하면 저희가 잘못된 길을 걸어 갔을 때 지워 주셔서 저희가 새로운 길을 나갈 수 있게 해 주시기 때문입니다.
- 장대희 선생님은 세 잎 클로버라고 생각합니다. 왜냐하면 행운이라는 뜻을 가진 네 잎 클로버와 달리 세 잎 클로버는 행복이라는 뜻을 가지고 있기 때문입니다. 잠시 나마 운이 좋은 네 잎 클로버보다는 행복이 쭉 가는 세 잎 클로버 같으시기 때문입니다.
- 장대희 선생님은 참된 인도자라고 생각합니다. 왜냐하면 저희가 변할 수 있는 길을 열어 주셨고 인도해 주셨기 때문입니다.
- 장대희 선생님은 바보 같은 사람입니다. 왜냐하면 바보처럼 보일 정도로 우리를 향한 사랑에 빠져 있으시기 때문입니다.
- 장대희 선생님은 연필 같다고 생각합니다. 왜냐하면 저희에게 새로운 변화의 역사를 써 주셨기 때문입니다.

2017년도 함백초 시즌 2
"내가 생각하는 장대희 선생님은?"

- 장대희 선생님은 히어로입니다. 왜냐하면 장대희 선생님은 무엇이든지 도전하면 끝까지 파고들고 잘못된 길을 가는 아이들을 바른 길로 인도해 주시기 때문입니다.

- 장대희 선생님은 독수리입니다. 왜냐하면 장대희 선생님은 독수리처럼 날아 날카로운 눈으로 섬세하고 예리하게 우리를 보십니다. 그다음에 날카로운 부리로 먹이 대신 꿈과 희망, 명언을 가져오십니다. 그리고 용감하시고, 그리고 저희를 자식처럼 삶에 대해 알려 주시는 이 세상에서 최고로 용감한 장 독수리, 장수리 선생님이십니다.

- 장대희 선생님은 오뚝이 인형 또는 이불이라고 생각합니다. 왜냐하면 손으로 오뚝이 인형을 밀쳐 내도 다시 일어서듯이, 밀어내도 끈기를 가지고 계속 위로 올라오시고 또 이불처럼 마음을 감싸 어루만져 주시면서 편안하고 안심할 수 있는 관계를 만들어 주시기 때문입니다.

- 장대희 선생님은 나무입니다. 왜냐하면 나무는 우리에게 열매를 주고, 그리고 종이와 휴지를 만들 수 있게 해 줍니다. 마찬가지로 장대희 선생님께서는 저희에게 변화와 삶을 가르쳐 주시고 목적의식과 도전 정신을 일깨워 주셨기 때문입

니다.

- 장대희 선생님은 무지개입니다. 왜냐하면 다양한 색깔 무지개처럼 가지고 계신 재능도 많으시고 앞으로 목표도 많으시고 다방면을 볼 수 있으시고 다양성이 있으시기 때문입니다.
- 장대희 선생님은 목적의식입니다. 왜냐하면 장대희 선생님께서는 저희에게 모델을 보여 주시고 그것을 우리가 몸으로 배우면서 차근차근 한 칸씩 올라가서 성장하고 진심으로 관계를 맺으며 변화할 수 있도록 도와주시기 때문입니다.
- 장대희 선생님은 양치기와 같습니다. 왜냐하면 14명이나 되는 모든 아이를 이끌어 주셨기 때문이고 반항도 잡아 주시고 때로는 예쁜, 때로는 멋있는 하나가 될 수 있게 해 주셨기 때문입니다.
- 장대희 선생님은 바늘입니다. 왜냐하면 그 예리하고 날카로운 바늘처럼 실을 이끌어 갈 수 있는 능력이 있으시기 때문입니다. 그리고 또 저희를 꾹꾹 찔러 자극을 받게 하여 한층 더 성장시키기 때문입니다.

땡돌이, 메뚜기, 도피자, 은둔자. 교직 생활 10년 동안 나에게 꼬리표처럼 따라다닌 별명이다. 그만큼 교직 부적응자였고 무능력했던 내 자체를 대변하는 별명이 아니었나 싶다. 되돌아보기조차 싫고, 낯부끄럽고 감추고 싶은 내 어두운 과거인 것이 사실이다. 그랬던 나를 이제는 아이들이 이렇게나 평가해 주다니 감개무량할 따름이다.

　이런 교사 회복탄력성을 가능하게 했던 결정적인 계기를 지금도 생생하게 기억한다. 폐교 위기의 학교를 향해 눈물짓던 성숙했던 내 제자 때문이었다. 그 덕분에 시작된 교육에 대한 성찰과 고민 끝에 찾게 된 진정한 교육의 한 단면이 '변화'다. 그렇다. 참된 교육의 본질인 아이들의 변화를 꿈꾸며 새롭게 시작된 교직 생활 시즌 2가 벌써 11년을 넘겼다.

　그 가운데 단 한 번도 나의 뇌리를 떠나지 않았던 생각은 교육이란 무엇인가다. 내가 맡고 가르치고 있는 아이들의 변화다. 교육은 변화다. 그러한 변화가 없는 교육은 죽은 교육이라고 생각한다. 그것은 교육이 아니라 사육이 될 수도 있다는 불안감이 엄습해 왔기 때문이다. 그러면서 자연스럽게 도달된 하나의 귀결점이 있다. 결국 진정한 변화를 위해서는 교사인 나부터 먼저 변화되어야 한다는 결론에 이르렀다. 남을 변화시키려면 그럴 만한 내공과 저력을 갖추고 있어야 한다. 다시 말해 변화가 무엇인지 스스로 알고 있을 뿐 아니라, 체득까지 하고 있어야 하지 않을까? 그래야 교육의 참된 본질인 변화를 위해 교사인 나 스스로가 모델이 되어 줄 수 있고 끌어 줄 수도 있다. 무엇보다 함께 그 변화에 동참할 수도 있기 때문이다. 그것이 바로 진정한 교사의 회복탄력성이 아닌가 싶다. 이런 일련의 과정들을 통해 나름 교육에 대한 새로운 지평이 열리는 것을 경험한 10여 년의 삶이었던 것 같다.

　그러나 이 책을 마무리하는 너무나 가슴 벅차고 기쁜 이 순간, 갑작스레 미안한 마음에 고개가 숙여지는 것은 왜일까? 그 험난했던 사춘기를 제대로 함께해 주지 못했음에도 이미 청소년 사업가로 자신의 진로를 찾아 잘 크고 있는 우리 장남 준서 때문이다. 항상 미안하고 고마운 마음 감출 길이 없다. 그리고 이렇듯 부족한 아빠임에도 명랑하고 아름답게 자라서 벌써 6학년이 된 귀여운 둘째 아들 준영이, 무엇보다 20여 년을 한결같은 신뢰로 함께해 준 아내이자 든든한 동료 교사인 옥금향에게 무한 감사를 전한다.

교사 회복탄력성으로 새롭게 시작되는 교직 생활 시즌 3을 향해 더더욱 가열차게 달려 나가려고 한다.

아빠 같은 선생님 시즌 3? 레디 액션!

춘천 마적산 산기슭 아래에서
거센 골바람을 맞으며
장대희

교사의 회복탄력성, 배움을 디자인하다